国学经典

竭宝峰／主编

四库全书精华

中华传统文化最丰富最完备的集成之作

辽海出版社

【 第一卷 】

图书在版编目（CIP）数据

四库全书精华 / 竭宝峰主编 . — 沈阳：辽海出版社，2019.4

ISBN 978-7-5451-5305-7

Ⅰ.①四… Ⅱ.①竭… Ⅲ.①《四库全书》 Ⅳ.① Z121.5

中国版本图书馆 CIP 数据核字（2019）第 057378 号

四库全书精华

责任编辑：柳海松

责任校对：顾　季

装帧设计：廖　海

开　　本：710mm×1040mm　1/16

印　　张：90

字　　数：1382 千字

出版时间：2019 年 4 月第 1 版

印刷时间：2019 年 4 月第 1 次印刷

出版者：辽海出版社

印刷者：三河市兴博印务有限公司

ISBN 978-7-5451-5305-7

ISBN 978-7-5451-5305-7

定　价：1580.00 元

《四库全书精华》编委会

前 言

《四库全书精华》一书，汇集了《四库全书》中上起先秦，下迄清末两千多年来的文化典籍之精华。编者力图使它成为一部简括实用的文选本，目的是便于中等文化程度以上的读者，了解中国历代的治乱兴替、典章文物、学术思想、道德伦理以及治国治民之道。如何从古老文化传统中敞开一个新世界，这是一件非常需要做的而且很有意义的工作。

为读书和藏书的方便，古人把书籍分为经、史、子、集四大门类。其中，经部包括儒家经典著述，如"十三经"，即《周易》《尚书》《诗经》《周礼》《仪礼》《礼记》《左传》《公羊传》《谷梁传》《论语》《孝经》《尔雅》《孟子》。史部包括各种体裁的历史著作，其中，尤以《史记》和《资治通鉴》为代表。此外，野史、法典、地志、职官、政书、时令等，凡记事书籍均归入史部。子部包括哲学、名学、法学、医学、算学、兵学、天文学、农学等，后人视其仅次于经书，故称之为子书。此外，道教、宋明理学、清代的考据学亦归于子部。集部包括历代作家的散文、骈文、诗、词、曲等作品和文学评论著述。

面对这浩如烟海之典籍，人们不免有望洋兴叹之慨！如何既节省时间，又能获得深入四库堂奥之锁钥？编者几经运筹，从中精选近百部代表著作进行爬梳剔抉，删繁就简，编成《四库全书精华》，仍遵循四部分类法，辑为四部，共分六册。《四库全书》不仅卷帙浩繁，而且古文字的障碍更令当代读者望而却步。有鉴于此，编选时全部参照社会广为流传，较有定评的现代名家选本；力避干燥枯涩，繁冗杂芜，以便于诵读为宗旨；其文不仅经世致用，而且能笔触豪迈，博综古今，阐幽表微，为学渊广，是值得一读再读的好文章。短者数字，长者万言，但都照顾到整体，其脉络清晰，篇章连贯分明。学人倘寻此路径反复熟读，则对于各种艺文必然，皆有所得，继而精进，不难收弘扬传统文化之宏功。

今经有关专家学者细加校勘、标点，篇前加有简明扼要之著录，以说明该书每部著作著者生平、主要内容、思想价值及版本流传情况等，并对专用术语和疑难生词加以注释。

参加本书选编、校点、注释的有魏琳、吴志樵、张林、周桂芬、于慈云、毛明华、任素琴等同志。

尽管如此，编者亦觉力所不逮，选本能否受读家重视，智者见智，仁者见仁，只有实践去检验了。敬希方家批评指正。

目 录

经 部

经　部

《周易》精华

【著录】

　　《易经》原称《周易》，简称《易》。《周易》是一部卜筮之书，编订于西周初年，居群经之首，成为我国古代文化中的巨著。它以卦的形式表达了古人对于自然现象和社会现象变化规律的认识，它丰富而朴素的辩证法观点，对于我国文化的发展具有重要的意义。

　　《易经》之易一说，伏羲画八卦，有时"远取诸物"，说"易"是鸟飞的象形；另一说，依据《说文解字》，"易"即蜴，是蜥蜴的象形，蜥蜴的保护色，随环境不断变化，以变化的含义，命名为易，来象征宇宙包罗万象的千变万化。《说文解字》又说，"易"是日月两个字组成的，因而日代表阳，月代表阴，以象征易的阴阳二元论哲学。后汉人郑玄则说"易"这个字，有"简易""变易""不易"这三种含义。而《周易》的"周"字，一说指周易为周人所作，一说指周密、周流、周遍之义。

　　《易经》包括经和传两部分，"经"由六十四个用象征符号表示的"卦"，与所附解说的"卦辞""爻辞"构成，六十四卦是由——与——两种称作"爻"的符号，由下而上顺序，以六画构成，乾坤二卦各多一爻。共计三百八十六爻。——与——属性相反，——代表阳、刚、男、君、强、奇数等，象征积极的事物；——代表阴、柔、女、臣、弱、偶数等，象征消极的事物。每卦之下，附有解说全卦的卦辞和爻辞，是每一卦的占断。经，又分为上下两篇，上经三十卦，下经三十四卦。所有解释经的文字，称为"传"，共有十篇，计有"彖传"上下、"象传"上下、"系辞传"上下、"文言传""说卦传""序卦传"　"杂卦传"。

十传被认为是孔子的著作，《史记》孔子世家说："孔子晚年喜易，序象、象、说卦、文言，读易，韦编三绝"。当时的书，用漆写在竹简上，以皮带串订，称作"韦编"，孔子熟读"易"，串订的皮带断了三次。《史记》这一记载，是出自《论语》"述而篇"，孔子说："加我数年，五十以学易，可以无大过矣！"十传的论点，前后多有出入，甚至有所抵触的部分，不可能是出自孔子一人的手笔，可能还包含孔子的弟子或后世的著作在内。

孔子删《诗》《书》，订《礼》《乐》，作《春秋》，然后传述《易》，而且春秋、战国时期的儒、道、墨等诸子百家，以及唐宋以后儒、佛、道各家的学术思想，也无不源于《易经》的天人之学。因而，要了解中国文化，就不能不由《易经》入手，《易经》在我国文化学术史上占有崇高地位。

系辞上传

天尊地卑①，乾坤定矣。卑高以陈，贵贱位矣。动静有常，刚柔断矣。方以类聚，物以群分，吉凶生矣。在天成象，在地成形，变化见矣。

是故，刚柔相摩，八卦相荡。鼓之以雷霆，润之以风雨。日月运行，一寒一暑。乾道成男，坤道成女。乾知大始，坤作成物。

乾以易知，坤以简能。易则易知，简则易从。易知则有亲，易从则有功。有亲则可久，有功则可大。可久，则贤人之德；可大，则贤人之业。易简，而天下之理得矣；天下之理得，而成位乎其中矣。

圣人设卦②观象，系辞焉而明吉凶，刚柔相推而生变化。是故，吉凶者，失得之象也；悔吝者，忧虞之象也；变化者，进退之象也；刚柔者，昼夜之象也。六爻之动，三极之道也。是故，君子所居而安者，《易》之序也；所乐而玩者，爻之辞也。是故，君子居则观其象，而玩其辞；动则观其变，而玩其占。是以自天祐之，吉无不利。

彖者③，言乎象者也；爻者，言乎变者也。吉凶者，言乎其失得也；悔吝者，言乎其小疵也；无咎者，善补过也。是故，列贵贱者存乎位，齐小大者存乎卦，辨吉凶者存乎辞，忧悔吝者存乎介，震无咎者存乎悔。是故，卦有小大，辞有险易，辞也者，各指其所之。

易与天地④准，故能弥纶天地之道。仰以观于天文，俯以察于地理，是故，知幽明之故。原始反终，故知死生之说。精气为物，游魂为变，是故，知鬼神之情状。

与天地相似，故不违。知周乎万物，而道济天下，故不过。旁行而不流，乐天知命，故不忧。安土敦乎仁，故能爱。范围天地之化而不过，曲成万物而不遗，通乎昼夜之道而知，故神无方而《易》无体。

一阴一阳之谓道。继之者善也，成之者性也。仁者见之谓之仁，知者见之谓之知，百姓日用而不知，故君子之道鲜矣！

显诸仁⑤，藏诸用。鼓万物而不与圣人同忧，盛德大业至矣哉。富有之谓大业，日新之谓盛德，生生之谓易，成象之谓乾，效法之谓坤，极数知来之谓占，通变之谓事，阴阳不测之谓神。

夫《易》，广矣大矣！以言乎远，则不御；以言乎迩，则静而正；以言乎天地之间，则备矣。夫乾，其静也专，其动也直，是以大生焉。夫坤，其静也翕，其动也辟，是以广生焉。广大配天地，变通配四时，阴阳之义配日月，易简之善配至德。

子曰："《易》其至矣乎。"夫《易》，圣人所以崇德而广业也。知崇礼卑，崇效天，卑法地。天地设位，而《易》行乎其中矣。成性存存，道义之门。

圣人有以⑥见天下之赜，而拟诸其形容，象其物宜，是故谓之象。圣人有以见天下之动，而观其会通，以行其典礼，系辞焉以断其吉凶，是故谓之爻。言天下之至赜，而不可恶也；言天下之至动，而不可乱也。

拟之而后言，议之而后动，拟议以成其变化。"鸣鹤在阴，其子和之；我有好爵，吾与尔靡之。"子曰："君子居其室，出其言善，则千里之外应之，况其迩者乎？居其室，出其言不善，则千里之外违之，况其迩者乎？言出乎身，加乎民；行发乎迩，见乎远。言行，君子之枢机。枢机之发，荣辱之主也。言行，君子之所以动天地也，可不慎乎？"

"同人，先号啕而后笑。"子曰："君子之道，或出或处，或默或语。二人同心，其利断金；同心之言，其臭如兰。"

"初六⑦，藉用白茅，无咎。"子曰："苟错诸地而可矣，藉之用茅，何咎之有？慎之至也。夫茅之为物薄，而用可重也。慎斯术也以往，其无所失矣。"

"劳谦，君子有终，吉。"子曰："劳而不伐，有功而不德，厚之至也。语以其功下人者也。德言盛，礼言恭。谦也者，致恭以存其位者也。"

"亢龙有悔。"子曰："贵而无位，高而无民，贤人在下位而无辅，是以动而有悔也。"

"不出户庭，无咎。"子曰："乱之所生也，则言语以为阶。君不密，则失臣；臣不密，则失身；几事不密，则害成。是以君子慎密而不出也。"

子曰："作《易》者，其知盗乎？《易》曰：'负且乘，致寇至。'负也者，小人之事也；乘也者，君子之器也。小人而乘君子之器，盗思夺之矣。上慢下暴，盗思伐之矣。慢藏诲盗，冶容诲淫。《易》曰：'负且乘，致寇至。'盗之招也。"

天一地二，天三地四，天五地六，天七地八，天九地十。天数五。地数五。五位相得而各有合。天数二十有五，地数三十。凡天地之数，五十有五，此所以成变化而行鬼神也。

大衍之数五十，其用四十有九。分而为二以象两，挂一以象三，揲之以四以象四时，归奇于扐以象闰，五岁再闰，故再扐而后挂。

乾之策二百一十有六，坤之策百四十有四。凡三百有六十，当期之日。二篇之策，万有一千五百二十，当万物之数也。

是故，四营而成《易》，十有八变而成卦，八卦而小成，引而伸之，触类而长之，天下之能事毕矣。显道神德行，是故，可与酬酢，可与祐神矣。

子曰："知变化⑧之道者，其知神之所为乎！"

《易》有圣人之道四焉；以言者尚其辞，以动者尚其变，以制器者尚其象，以卜筮者尚其占。是以君子将有为也，将有行也，问焉而以言，其受命也如响。无有远近幽深，遂知来物，非天下之至精，其孰能与于此？参伍以变，错综其数，通其变，遂成天地之文；极其数，遂定天下之象。非天下之至变，其孰能与于此？《易》无思也，无为也，寂然不动，感而遂通天下之故。非天下之至神，其孰能与于此？

夫《易》，圣人之所以极深而研几也，唯深也，故能通天下之志；唯几也，故能成天下之务；唯神也，故不疾而速，不行而至。子曰"《易》有圣人之道四焉"者，此之谓也。

子曰："夫《易》何为者也⑨？夫《易》开物成务，冒天下之道，如斯而已者也。"是故，圣人以通天下之志，以定天下之业，以断天下之疑。

是故，蓍之德圆而神，卦之德方以知，六爻之义易以贡。圣人以此洗心，退藏于密，吉凶与民同患。神以知来，知以藏往。其孰能与于此哉？古之聪明睿知神武而不杀者夫。是以明于天之道，而察于民之故，是兴神物以前民用。圣人以此斋戒，以神明其德夫！

是故，阖户，谓之坤；辟户，谓之乾；一阖一辟，谓之变；往来不穷，谓之通；见，乃谓之象；形，乃谓之器；制而用之，谓之法；利用出入，民咸用之，谓之神。

是故，《易》有太极，是生两仪，两仪生四象，四象生八卦，八卦定吉凶，吉凶生大业。

是故，法象，莫大乎天地；变通，莫大乎四时；县象著明，莫大乎日月；崇高，莫大乎富贵；备物致用，立功成器，以为天下利，莫大乎圣人；探赜索隐，钩深致远，以定天下之吉凶，成天下之亹亹者，莫大乎蓍龟。

是故，天生神物，圣人则之；天地变化，圣人效之；天垂象，见吉凶，圣人象之；河出图，洛出书，圣人则之。《易》有四象，所以示也；系辞焉，所以告也；定之以吉凶，所以断也。

《易》曰："自天祐之，吉无不利。"子曰："祐者助也，天之所助者顺也，人之所助者信也，履信思乎顺，又以尚贤也，是以自天祐之，吉无不利也。"

子曰："书不尽言⑩，言不尽意。"然则圣人之意，其不可见乎？子曰："圣人立象以尽意，设卦以尽情伪，系辞焉以尽其言，变而通之以尽利，鼓之舞之以尽神。"

乾坤其《易》之缊邪？乾坤成列，而《易》立乎其中矣；乾坤毁，则无以见《易》；《易》不可见，则乾坤或几乎息矣。

是故，形而上者，谓之道；形而下者，谓之器；化而裁之，谓之变；推而行之，谓之通；举而措之，天下之民，谓之事业。

是故，夫象，圣人有以见天下之赜，而拟诸其形容，象其物宜，是故谓之象。圣人有以见天下之动，而观其会通，以行其典礼，系辞焉以断其吉凶，是故谓之爻。极天下之赜者，存乎卦；鼓天下之动者，存乎辞；

化而裁之，存乎变；推而行之，存乎通；神而明之，存乎其人；默而成之，不言而信，存乎德行。

①"天尊地卑"至"其中矣"：此第一章。明天尊地卑及贵贱之位。刚柔动静，寒暑往来，广明乾坤简易之德，圣人法之能见天下之理。

②"圣人设卦"至"不利"：此第二章。前章言天地成象成形简易之德，明乾坤之大旨。此章明圣人设卦观象爻辞吉凶悔吝之细别。

③"彖者"至"其所之"：此第三章。上章明吉凶悔吝系辞之义，而细意未尽。故此章更详细说卦爻吉凶之事，是以义理深奥，能弥纶天地之道，仰观俯察，知死生之说。

④"易与天地"至"鲜矣"：此第四章。上章明卦爻之义，其事类稍尽，但卦爻未明鬼神情状。此章说物之改变，而为鬼神。易能通鬼神之变化，故于此章明之。

⑤"显诸仁"至"之门"：此第五章。上章论神之所为，此章广明易道之大，与神功不异。

⑥"圣人有以"至"如兰"：此第六章。上章既明易道变化，神理不测，圣人法之，所以配于天地，道义从易而生。此章又明圣人拟议易象，以赞成变化；又明人拟议之事，先慎其身，在于慎言语同心，行动举措，守谦退勿骄盈，保静密勿贪非位。凡有七事，是行之尤急者，故引七卦之义，以证成之。

⑦"初六"至"盗之招也"：此第七章。此章欲求外物来应，必须拟议谨慎，则外物来应之，故引"藉用白茅，无咎"之事，以证谨慎之理。

⑧"子曰：知变化"至"此之谓也"：此第九章。上章既明大衍之数，极尽蓍策之名数，可与助成神化之功。此又广明易道深远，圣人之道有四；又明《易》之深远，穷极几神。

⑨"子曰：夫易何为者也"至"谓之神"：此第十章。前章论《易》有圣人之道四焉。以卜筮尚其占。此章明卜筮蓍龟，所用能通神知。

⑩"子曰：书不尽言"至"存乎德行"：此第十二章。此章言立象尽意，系辞尽言，《易》之兴废，存乎其人事。

系辞下传

八卦成列①，象在其中矣；因而重之，爻在其中矣；刚柔相推，变在其中矣；系辞焉而命之，动在其中矣。吉凶悔吝者，生乎动者也；刚柔者，立本者也；变通者，趣时者也；吉凶者，贞胜者也；天地之道，贞观者也；日月之道，贞明者也；天下之动，贞夫一者也。

夫乾，确然示人易矣；夫坤，然示人简矣。爻也者，效此者也；象也者，像此者也。爻象动乎内，吉凶见乎外；功业见乎变，圣人之情见乎辞。

天地之大德曰生，圣人之大宝曰位。何以守位？曰仁；何以聚人？曰财；理财正辞，禁民为非曰义。

古者包牺氏②之王天下也，仰则观象于天，俯则观法于地，观鸟兽之文，与地之宜，近取诸身，远取诸物，于是始作八卦，以通神明之德，以类万物之情。作结绳而为罔罟，以佃以渔，盖取诸《离》。

包牺氏没，神农氏作，斫木为耜，揉木为耒。耒耨之利，以教天下，盖取诸《益》。日中为市，致天下之民，聚天下之货，交易而退，各得其所，盖取诸《噬嗑》。

神农氏没，黄帝、尧、舜氏作，通其变，使民不倦，神而化之，使民宜之。《易》穷则变，变则通，通则久。是以自天祐之，吉无不利。黄帝、尧、舜垂衣裳而天下治，盖取诸《乾》《坤》。刳木为舟，剡木为楫，舟楫之利，以济不通，致远以利天下，盖取诸《涣》。服牛乘马，引重致远，以利天下，盖取诸《随》。重门击柝，以待暴客，盖取诸《豫》。断木为杵，掘地为臼，臼杵之利，万民以济，盖取诸《小过》。弦木为弧，剡木为矢，弧矢之利，以威天下，盖取诸《睽》。

上古穴居而野处，后世圣人易之以宫室，上栋下宇，以待风雨，盖取诸《大壮》。古之葬者，厚衣之以薪，葬之中野，不封不树，丧期无数，后世圣人易之以棺椁，盖取诸《大过》。上古结绳而治，后世圣人易之以书契，百官以治，万民以察，盖取诸《夬》。

是故《易》者③，象也；象也者，像也。彖者，材也；爻也者，效天下之动者也。是故，吉凶生而悔吝著也。

阳卦多阴，阴卦多阳，其故何也？阳卦奇，阴卦偶，其德行何也？阳一君而二民，君子之道也；阴二君而一民，小人之道也。

《易》曰："憧憧往来，朋从尔思。"子曰："天下何思何虑？天下同归而殊途，一致而百虑，天下何思何虑？"

日往则月来，月往则日来。日月相推，而明生焉。寒往则暑来，暑往则寒来。寒暑相推，而岁成焉。往者屈也，来者信也。屈信相感，而利生焉。尺蠖之屈，以求信也；龙蛇之蛰，以存身也。精义入神，以致用也。利用安身，以崇德也。过此以往，未之或知也。穷神知化，德之盛也。

《易》曰："困于石④，据于蒺藜，入于其宫，不见其妻，凶。"子曰："非所困而困焉，名必辱；非所据而据焉，身必危。既辱且危，死期将至，妻其可得见邪？"

《易》曰："公用射隼，于高墉之上，获之，无不利。"子曰："隼者，禽也；弓矢者，器也；射之者，人也。君子藏器于身，待时而动，何不利之有？动而不括，是以出而有获，语成器而动者也。"

子曰："小人不耻不仁，不畏不义，不见利不劝，不威不惩。小惩而大戒，此小人之福也。《易》曰：'屦校灭趾，无咎。'此之谓也。"

"善不积，不足以成名；恶不积，不足以灭身。小人以小善为无益，而弗为也；以小恶为无伤，而弗去也。故恶积而不可掩，罪大而不可解。《易》曰：'何校灭耳，凶。'"

子曰："危者，安其位者也；亡者，保其存者也；乱者，有其治者也。是故君子安而不忘危，存而不忘亡，治而不忘乱，是以身安而国家可保也。《易》曰：'其亡！其亡！系于苞桑。'"

子曰："德薄而位尊，知小而谋大，力小而任重，鲜不及矣。《易》曰：'鼎折足，覆公餗，其形渥，凶。'言不胜其任也。"

子曰："知几其神乎！君子上交不谄，下交不渎，其知几乎！几者，动之微，吉凶之先见者也。君子见几而作，不俟终日。《易》曰：'介于石，不终日，贞吉。'介如石焉，宁用终日，断可识矣。君子知微知彰，知柔知刚，万夫之望。"

子曰："颜氏之子，其殆庶几乎！有不善，未尝不知；知之，未尝复行也。《易》曰：'不远复，无祗悔，元吉。'"

"天地絪缊，万物化醇；男女构精，万物化生。《易》曰：'三人行，则损一人；一人行，则得其友。'言致一也。"

子曰："君子安其身而后动，易其心而后语，定其交而后求。君子修此三者，故全也。危以动，则民不与也；惧以语，则民不应也；无交而求，则民不与也。莫之与，则伤之者至矣。《易》曰：'莫益之，或击之。立心勿恒，凶。'"

子曰[5]："《乾》《坤》，其《易》之门邪？乾，阳物也；坤，阴物也。阴阳合德，而刚柔有体，以体天地之撰，以通神明之德。其称名也，杂而不越。于稽其类，其衰世之意邪？夫《易》，彰往而察来，微显而阐幽。开而当名辨物，正言断辞则备矣。其称名也小，其取类也大，其旨远，其辞文，其言曲而中，其事肆而隐，因贰以济民行，以明失得之报。"

《易》之兴也[6]，其于中古乎？作《易》者，其有忧患乎？是故《履》，德之基也；《谦》，德之柄也；《复》，德之本也；《恒》，德之固也；《损》，德之修也；《益》，德之裕也；《困》，德之辨也；《井》，德之地也；《巽》，德之制也。

《履》，和而至；《谦》，尊而光；《复》，小而辨于物；《恒》，杂而不厌；《损》，先难而后易；《益》，长裕而不设；《困》，穷而通；《井》，居其所而迁；《巽》，称而隐。

《履》，以和行；《谦》，以制礼；《复》，以自知；《恒》，以一德；《损》，以远害；《益》，以兴利；《困》，以寡怨；《井》，以辨义；《巽》，以行权。

《易》之为书[7]也不可远，为道也屡迁，变动不居，周流六虚，上下无常，刚柔相易，不可为典要，唯变所适。其出入以度，外内使知惧。又明于忧患与故，无有师保，如临父母。初率其辞，而揆其方，既有典常。苟非其人，道不虚行。

《易》之为书也，原始要终，以为质也。六爻相杂，唯其时物也。其初难知，其上易知，本末也。初辞拟之，卒成之终。若夫杂物撰德，辨是与非，则非其中爻不备。噫！亦要存亡吉凶，则居可知矣。知者观其彖辞，则思过半矣。

二与四[8]，同功而异位，其善不同。二多誉，四多惧，近也。柔之为道，不利远者，其要无咎，其用柔中也。三与五，同功而异位。三多凶，五多功，贵贱之等也。其柔危，其刚胜邪。

《易》之为书也，广大悉备，有天道焉，有人道焉，有地道焉。兼三才而两之，故六；六者，非他也，三才之道也。

道有变动，故曰爻；爻有等，故曰物；物相杂，故曰文。文不当，故吉凶生焉。

《易》之兴也，其当殷之末世，周之盛德邪？当文王与纣之事邪？是故其辞危。危者使平，易者使倾。其道甚大，百物不废。惧以终始，其要无咎，此之谓《易》之道也。

夫乾，天下⑨之至健也，德行恒易以知险；夫坤，天下之至顺也，德行恒简以知阻。能说诸心，能研诸虑，定天下之吉凶，成天下亹亹者。是故变化云为，吉事有祥。象事知器，占事知来。

天地设位，圣人成能，人谋鬼谋，百姓与能。八卦以象告，爻彖以情言，刚柔杂居，而吉凶可见矣。变动以利言，吉凶以情迁。是故，爱恶相攻而吉凶生，远近相取而悔吝生，情伪相感而利害生。凡《易》之情，近而不相得则凶，或害之，悔且吝。将叛者其辞惭，中心疑者其辞枝，吉人之辞寡，躁人之辞多，诬善之人其辞游，失其守者其辞屈。

【注释】

①"八卦成列"至"曰义"：此第一章。复释上系第二章象爻刚柔吉凶悔吝之事，更具而详之。

②"古者包牺氏"至"取诸《夬》"：此第二章。明圣人法自然之理而作《易》，象《易》以制器而利天下。

③"是故《易》者"至"德之盛也"：此第三章。明阴阳二卦之体，及日月相推而成岁。圣人用之，安身崇德，德之盛。

④"《易》曰：困于石"至"勿恒，凶"：此第四章。凡有九节，以上章先言利用安身可以崇德，若身自危辱，何崇德之有？故此章第一节引困之六三危辱之事以证之。

⑤"子曰"至"失得之报"：此第五章。前章明安身崇德之报，在于知几得一。此明《易》之体用，辞理远大，可以明失得之报。

⑥"《易》之兴也"至"巽，以行权"：此第六章。明所以作《易》为

其忧患，故作《易》既有忧患，须修德以避患，故明九卦为德之所用。

⑦"《易》之为书"至"思过半矣"：此第七章。明《易》书之体用。

⑧"二与四"至"易之道也"：此第八章。明诸卦二三四五爻之功用，又明三才之道，并明《易》兴之时，总赞明易道之大。

⑨"夫乾，天下"至"其辞屈"：此第九章。自此以下至篇末，总明易道之美，兼明易道爱恶相攻，情伪相感，吉凶悔吝由此而生，人情不等，制辞各异。

文言传　乾

元①者，善之长也；亨者，嘉之会也；利者，义之和也；贞者，事之干也。君子体仁足以长人，嘉会足以合礼，利物足以和义，贞固足以干事。君子行此四德者，故曰："乾：元、亨、利、贞。"

初九曰："潜龙②勿用。"何谓也？子曰："龙德而隐者也。不易乎世，不成乎名；遁世无闷，不见是而无闷。乐则行之，忧则违之。确乎其不可拔，潜龙也。"

九二曰："见龙在田，利见大人。"何谓也？子曰："龙德而正中者也。庸言之信，庸行之谨；闲邪存其诚，善世而不伐，德博而化。《易》曰：'见龙在田，利见大人'，君德也。"

九三曰："君子终日乾乾③，夕惕若，厉无咎。"何谓也？子曰："君子进德修业。忠信，所以进德也；修辞立其诚，所以居业也。知至至之，可与言几也；知终终之，可与存义也。是故居上位而不骄，在下位而不忧。故乾乾因其时而惕，虽危无咎矣。"

九四曰："或跃在渊，无咎。"何谓也？子曰："上下无常，非为邪也；进退无恒，非离群也。君子进德修业，欲及时也，故无咎。"

九五曰："飞龙在天，利见大人。"何谓也？子曰："同声相应，同气相求；水流湿，火就燥；云从龙，风从虎。圣人作而万物睹，本乎天者亲上，本乎地者亲下，则各从其类也。"

上九曰："亢龙有悔④。"何谓也？子曰："贵而无位，高而无民，贤人在下位而无辅，是以动而有悔也。"

"潜龙勿用"，下也；"见龙在田"，时舍也；"终日乾乾"，行事也；

"或跃在渊"，自试也；"飞龙在天"，上治也；"亢龙有悔"，穷之灾也；乾元用九，天下治也。

"潜龙勿用"，阳气潜藏；"见龙在田"，天下文明；"终日乾乾"，与时偕行；"或跃在渊"，乾道乃革；"飞龙在天"，乃位乎天德；"亢龙有悔"，与时偕极；乾元用九，乃见天则⑤。

乾、元者，始而亨者也；利、贞者，性情也。乾始能以美利利天下，不言所利，大矣哉！大哉乾乎！刚健中正，纯粹精也。六爻发挥，旁通⑥情也；时乘六龙，以御天也；云行雨施，天下平也。

君子以成德为行，日可见之行也。潜之为言也，隐而未见，行而未成，是以君子弗用也。

君子学以聚之，问以辨之，宽以居之，仁以行之。《易》曰："见龙在田，利见大人"，君德也。

九三，重刚⑦而不中，上不在天，下不在田，故乾乾因其时而惕，虽危无咎矣。

九四，重刚而不中，上不在天，下不在田，中不在人，故或之。或之者，疑之也，故无咎。

夫大人者，与天地合其德，与日月合其明，与四时合其序，与鬼神合其吉凶。先天而天弗违，后天而奉天时。天且弗违，而况于人乎？况于鬼神乎？

亢之为言也，知进而不知退，知存而不知亡，知得而不知丧。其惟圣人乎！知进退存亡而不失其正者，其惟圣人乎！

【注释】

①元：元者，生物之始。天地之德莫先于此，故曰善之长。

②潜龙：龙德而隐，故言勿用。喻贤人处在下位。

③乾乾：不息貌，言行事勤勉。

④亢龙有悔：言穷极而灾至。

⑤乾元用九，乃见天则：言刚而能柔，天之法则。

⑥旁通：犹言曲尽。

⑦重刚：谓阳爻阳位。

文言传 坤

坤，至柔而动也刚，至静而德方，后得主而有常，含万物而化光。坤道其顺乎，承天而时行①。

积善之家，必有余庆；积不善之家，必有余殃。臣弑其君，子弑其父，非一朝一夕之故，其所由来者渐矣，由辨之不早辨也。《易》曰："履霜，坚冰至。"盖言顺也。

直其正也，方其义也。君子敬以直内，义以方外。敬义立而德不孤。"直、方、大，不习无不利"，则不疑其所行也②。

阴虽有美，含之以从王事，弗敢成也；地道也，妻道也，臣道也。地道无成而代有终也。

天地变化，草木蕃；天地闭，贤人隐。《易》曰："括囊，无咎，无誉。"盖言谨也。

君子黄中通理③，正位居体，美在其中，而畅于四支，发于事业，美之至也。

阴疑于阳必战④，为其嫌于无阳也，故称龙焉。犹未离其类也，故称血焉。夫"玄黄"者，天地之杂也。天玄而地黄⑤。

【注释】

①承天而时行：承天，言地承天之所施，不违时节。

②"直、方、大"三句：言直方则德不孤而大，不疑则不假于习，而亦无往不利。

③君子黄中通理：言君子中德在内，能贯而通之。

④阴疑于阳必战：谓阴阳本钧敌，无大小之差，若阴疑于阳，则战端起。

⑤天玄而地黄：玄黄，战血玄黄；天玄地黄，则阴阳皆伤。

序卦传

有天地然后万物生焉。盈天地之间者唯万物，故受之以《屯》①；屯者，盈也；屯者，物之始生也。物生必蒙，故受之以《蒙》。蒙者，蒙也，物之稚也；物稚不可不养也，故受之以《需》。需者，饮食之道也；饮食必有讼，故受之以《讼》。讼必有众起，故受之以《师》。师者，众也；众必有所比，故受之以《比》。比者，比也；比必有所畜，故受之以《小畜》。物畜然后有礼，故受之以《履》。履而泰，然后安，故受之以《泰》。泰者，通也；物不可以终通，故受之以《否》。物不可以终否，故受之以《同人》。与人同者，物必归焉，故受之以《大有》。有大者，不可以盈，故受之以《谦》。有大而能谦必豫，故受之以《豫》。豫必有随，故受之以《随》。以喜随人者必有事，故受之以《蛊》。蛊者，事也；有事而后可大，故受之以《临》。临者，大也；物大然后可观，故受之以《观》。可观而后有所合，故受之以《噬嗑》。嗑者，合也；物不可以苟合而已，故受之以《贲》。贲者，饰也；致饰然后亨则尽矣，故受之以《剥》。剥者，剥也；物不可以终尽，剥穷上反下，故受之以《复》。复则不妄矣，故受之以《无妄》。有无妄然后可畜，故受之以《大畜》。物畜然后可养，故受之以《颐》。颐者，养也；不养则不可动，故受之以《大过》。物不可以终过，故受之以《坎》。坎者，陷也；陷必有所丽，故受之以《离》。离者，丽也。

有天地②然后有万物，有万物然后有男女，有男女然后有夫妇，有夫妇然后有父子，有父子然后有君臣，有君臣然后有上下，有上下然后礼义有所错。夫妇之道，不可以不久也，故受之以《恒》。恒者，久也；物不可以久居其所，故受之以《遁》。遁者，退也；物不可以终遁，故受之以《大壮》。物不可以终壮，故受之以《晋》。晋者，进也；进必有所伤，故受之以《明夷》。夷者，伤也；伤于外者必反其家，故受之以《家人》。家道穷必乖，故受之以《睽》。睽者，乖也；乖必有难，故受之以《蹇》。蹇者，难也；物不可以终难，故受之以《解》。解者，缓也；缓必有所失，故受之以《损》。损而不已，必益，故受之以《益》。益而不已，必决，故受之以《夬》。夬者，决也；决必有所遇，故受之以《姤》。姤者，遇也；物相遇而后聚，故受之以《萃》。萃者，聚也；聚而上者谓之升，故受之以《升》。升而不已，必困，故受之以《困》。困乎上者必反下，故受之以《井》。井道不可不革，故受之以《革》。革物者莫若鼎，故受之以《鼎》。主器者莫若长子，故受之以《震》。震者，动也；物不可以终动，止之，故受之以《艮》。艮者，止也；物不可以终止，故受之以《渐》。渐者，进也；进必有所归，故受之以《归妹》。得其所归者必大，故受之以《丰》。丰者，大也；穷大者必失其居，故受之以《旅》。旅而无所容，故受之以《巽》。巽者，入也；入而后说之，故受之以《兑》。兑者，说也；说而后散之，故受之以《涣》。涣者，离也；物不可以终离，故受之以《节》。节而信之，故受之以《中孚》。有其信者必行之，故受之以《小过》。有过物者必济，故受之以《既济》。物不可穷也，故受之以《未济》。终焉。

【注释】

①受之以《屯》：言以屯卦承受乾坤之下，因其有盈满之象。

②"有天地"至"然后礼义有所错"：此释咸卦之用意。咸卦言："咸，亨利贞，取女吉。"为夫妇之始。故原其始于天地、万物、男女，要其终于父子、君臣、礼义，不出卦名，以其为下经首。

《尚书》精华

【著录】

　　《尚书》是我国最古老的一部重要历史文献。最初只称作《书》，汉代时才称作《尚书》，"尚"在古代被释做"上"，把《尚书》解释为上古的史书。记载了虞、夏、商、周等的历史。两千多年来，儒家一直把它尊礼为儒家"五经"（《易》《书》《诗》《礼》《春秋》）中的重要经典，尊称为"书经"。

　　《尚书》的基本内容是君王的文告和君臣的谈话记录。《尚书》的作者是史官。文献记载，我国古代设有专录君王言行的史官。《礼记·玉藻》称君王"动则左史书之，言则右史书之。"史官记录君王的言行，汇编成册，就是《书》了。

　　今存《尚书》共有二十八篇，称为今文《尚书》，又有魏晋时人作的伪古文《尚书》二十五篇，又从今文《尚书》分增出五篇，共得五十八篇。按时代分为四大类。即《虞书》五篇：尧典、舜典、大禹谟、皋陶谟、益稷。《夏书》四篇：禹贡、甘誓、五子之歌、胤征。《商书》十七篇：汤誓、仲虺之诰、汤诰、伊训、太甲（三篇）、咸有一德、盘庚（三篇）、说命（三篇）、高宗肜日、西伯戡黎、微子。《周书》三十二篇：泰誓（三篇）、牧誓、武成、洪范、旅獒、金縢、大诰、微子之命、康诰、酒诰、梓材、召诰、洛诰、多士、无逸、君奭、蔡仲之命、多方、立政、周官、君陈、顾命、康王之诰、毕命、君牙、冏命、吕刑、文侯之命、费誓、秦誓。

　　这部书经，根据它的内容，其书写体式可分为四种。"典"主要记载古代典制。"训诰"主要是训诫诰令，包括君臣之间、大臣之间的谈话，以及祈神的祷告。这一类篇目较多。"誓"主要是君王诸侯的誓词。"命"主要是君王任命官员或者赏赐诸侯的册命。

《尚书》记录了距今四千年至二千六百多年间的重要历史事实，涉及政治、思想、宗教、哲学、法律、地理、历法、军事等领域。早在汉代司马迁写《史记》的时候，就很重视这部书，并加以引用，有的甚至整篇照录，它受到历代学者的高度重视。自汉代立为官学以来，备受尊崇，成为整个封建社会最重要的教科书。《尚书》不仅开文告、会议记录等应用文体的先河，而且为后世我国散文的写作所师崇。《尚书》记言叙事，摹声绘色，形象生动，条理清晰，为历代散文家所重视。这部书保存了许多语言词汇的古义，这些词在现今语言词汇中很少使用，因而对于汉语史研究，对于金文学、甲骨学、古器物学和考古学的研究都有很重要的参考价值。

禹 贡

禹敷土①，随山刊木②，奠高山大川。

冀州③：既载壶口，治梁及岐。既修太原，至于岳阳。覃怀底绩，至于衡漳。厥土惟白壤，厥赋惟上上，错，厥田惟中中。恒、卫既从，大陆既作。岛夷皮服，夹右碣石，入于河。

济、河惟兖州④：九河既道，雷夏既泽，灉、沮会同。桑土既蚕，是降丘宅土。厥土黑坟，厥草惟繇，厥木惟条。厥田惟中下，厥赋贞。作十有三载，乃同。厥贡漆丝，厥篚织文。浮于济、漯，达于河。

海、岱惟青州⑤：嵎夷既略，潍、淄其道。厥土白坟，海滨广斥。厥田惟上下，厥赋中上，厥贡盐、绨，海物惟错。岱畎丝、枲、铅、松、怪石。莱夷作牧。厥篚檿丝。浮于汶，达于济。

海、岱及淮惟徐州⑥：淮、沂其乂，蒙、羽其艺；大野既猪，东原厎平。厥土赤埴坟，草木渐包。厥田惟上中，厥赋中中。厥贡惟土五色，羽畎夏翟，峄阳孤桐，泗滨浮磬，淮夷蠙珠暨鱼，厥篚玄纤缟。浮于淮、泗，达于河。

淮、海惟扬州⑦：彭蠡既猪，阳鸟攸居。三江既入，震泽底定。筱荡既敷，厥草惟夭，厥木惟乔。厥土惟涂泥，厥田惟下下，厥赋下上，上错。

厥贡惟金三品，瑶、琨、筱、荡、齿、革、羽、毛惟木。岛夷卉服。厥篚
织贝，厥包橘、柚，锡贡。治于江、海，达于淮、泗。

荆及衡阳惟荆州[8]：江、汉朝宗于海，九江孔殷，沱、潜既道，云土
梦作乂。厥土惟涂泥，厥田惟下中，厥赋上下。厥贡羽、毛、齿、革，惟
金三品，杶、干、栝、柏，砺、砥、砮、丹，惟箘、簬、楛，三邦底贡厥
名。包匦菁茅；厥篚玄、纁玑组；九江纳锡大龟。浮于江、沱、潜、汉，
逾于洛，至于南河。

荆、河惟豫州[9]：伊、洛、瀍、涧，既入于河，荥波既猪。导菏泽，
被孟猪。厥土惟壤，下土坟垆。厥田惟中上，厥赋错上中，厥贡漆、枲、
絺、纻，厥篚纤纩，锡贡磬错。浮于洛，达于河。

华阳、黑水惟梁州[10]：岷、嶓既艺，沱、潜既道，蔡、蒙旅平，和夷底绩。
厥土青黎，厥田惟下上，厥赋下中，三错。厥贡璆、铁、银、镂、砮、磬、
熊、罴、狐、狸、织皮。西倾因桓是来，浮于潜，逾于沔，入于渭，乱于河。

黑水、西河惟雍州[11]：弱水既西，泾属渭汭，漆沮既从，沣水攸同。
荆、岐既旅，终南、惇物，至于鸟鼠。原隰底绩，至于猪野，三危既宅，
三苗丕叙。厥土惟黄壤，厥田惟上上，厥赋中下。厥贡惟球、琳、琅玕。
浮于积石，至于龙门、西河，会于渭汭。织皮，昆仑、析支、渠搜，西
戎即叙。

导岍[12]及岐，至于荆山，逾于河。壶口、雷首，至于太岳。底柱、析城，
至于王屋。太行、恒山，至于碣石，入于海。西倾、朱圉、鸟鼠，至于太
华。熊耳、外方、桐柏，至于陪尾。导嶓冢，至于荆山。内方，至于大别。
岷山之阳，至于衡山。过九江，至于敷浅原。

导弱水，至于合黎，余波入于流沙。导黑水，至于三危，入于南海。
导河积石，至于龙门，南至于华阴，东至于底柱，又东至于孟津，东过洛
汭，至于大伾，北过降水，至于大陆，又北播为九河，同为逆河，入于海。
嶓冢导漾，东流为汉，又东为沧浪之水，过三澨，至于大别，南入于江；
东汇泽为彭蠡，东为北江，入于海。岷山导江，东别为沱，又东至于澧，
过九江，至于东陵，东迆北，会于汇，东为中江，入于海。导沇水，东
流为济，入于河，溢为荥，东出于陶丘北，又东至于菏，又东北会于汶，
又北东入于海。导淮自桐柏，东会于泗、沂，东入于海。导渭自鸟鼠同穴，

东会于沣，又东会于泾，又东过漆、沮，入于河。导洛自熊耳，东北会于涧、瀍，又东会于伊，又东北入于河。

九州攸同，四隩既宅，九山刊旅，九川涤源，九泽既陂，四海会同。

六府孔修，庶土交正，底慎财赋，咸则三壤成赋。中邦锡土姓，祗台德先，不距朕行。五百里甸服：百里赋纳总，二百里纳铚，三百里纳秸服，四百里粟，五百里米。五百里侯服：百里采，二百里男邦，三百里诸侯。五百里绥服：三百里揆文教，二百里奋武卫。五百里要服：三百里夷，二百里蔡。五百里荒服：三百里蛮，二百里流。东渐于海，西被于流沙，朔南暨声教，讫于四海。禹锡玄圭，告厥成功。

【注释】

①敷土：敷，分。分别土地为九州。

②随山刊木：刊，斩。谓随山之势，相其便宜，斩木通道，以分治九州。

③冀州：位于今河北、山西一带。

④济、河惟兖州：指兖州一带。

⑤海、岱惟青州：岱，泰山。谓青州一带，东北至海，西南距岱。

⑥海、岱及淮惟徐州：淮，淮水。言徐州东至海，南至淮，北至岱。

⑦淮、海惟扬州：指扬州北至淮，东至海。

⑧荆及衡阳惟荆州：荆、衡，均山名。言荆州北距荆山，南尽衡山之阳。

⑨荆、河惟豫州：指豫州西南至荆山，北距大河。

⑩华阳、黑水惟梁州：指梁州东距华山，南据黑水。

⑪黑水、西河惟雍州：西河，指黄河以西。谓雍州西据黑水，东距西河。

⑫"导岍及岐"至"四海会同"：谓分导高山大川，使水土得到平治。

甘　誓

大战于甘①，乃召六卿②。王曰："嗟！六事之人③，予誓告汝：有扈氏威侮五行④，怠弃三正⑤。天用剿绝其命，今予惟恭行天之罚。左不攻于左，汝不恭命；右不攻于右，汝不恭命；御非其马之正，汝不恭命。用命，赏于祖；不用命，戮于社，予则孥戮⑥汝。"

【注释】

①甘：地名，位于陕西户县。

②六卿：六军之将。

③六事之人：六军中执事之将领。

④五行：指金、木、水、火、土。

⑤三正：正德、利用、厚生三大政事。

⑥孥戮：孥，妻子儿女。意思是若不用命，不但戮及你自身，将把你妻子儿女一同戮之。

汤　誓

王曰："格①尔众庶，悉听朕言。非台②小子，敢行称乱。有夏多罪，天命殛之。今尔有众，汝曰：'我后③不恤我众，舍我穑事，而割正夏④。'予惟闻汝众言，夏氏有罪，予畏上帝，不敢不正。今汝其曰：'夏罪其如台⑤？'夏王率遏众力，率割夏邑，有众率怠弗协。曰：'时日曷丧？予及汝皆亡！'夏德若兹，今朕必往。尔尚辅予一人，致天之罚，予其大赉汝⑥。尔无不信，朕不食言。尔不从誓言，予则孥戮汝，罔有攸赦。"

【注释】

①格：到，至。

②台：我。

③我后：指汤。

④而割正夏：割，断。谓舍我刈获之事，而往断正夏桀之罪。

⑤夏罪其如台：此汤述商众之言，意谓桀虽暴虐，又能把我如何。

⑥大赉汝：赉，赐。谓伐夏有功，当大赏汝众。

牧　誓

时甲子①昧爽②，王朝③至于商郊牧野，乃誓。王左杖黄钺，右秉白旄以麾④。曰："逖矣⑤，西土之人。"

王曰："嗟！我友邦冢君、御事⑥、司徒、司马、司空、亚旅、师氏、千夫长、百夫长，及庸⑦、蜀、羌、微、卢、彭、濮人，称⑧尔戈，比⑨尔干，立尔矛，予其誓。"王曰："古人有言曰：'牝鸡无晨⑩。牝鸡之晨，惟家之索⑪。'今商王受，惟妇言是用。昏弃厥肆祀，弗答；昏弃厥遗王父母弟，不迪⑫。乃惟⑬四方之多罪逋逃，是崇是长，是信是使，是以为大夫卿士，俾暴虐于百姓，以奸宄于商邑。今予发⑭，惟恭行天之罚。今日之事，不愆⑮于六步、七步，乃止齐焉。夫子勖哉！不愆于四伐、五伐、六伐、七伐，乃止齐焉。勖哉夫子⑯！尚桓桓⑰，如虎如貔，如熊如罴，于商郊⑱。弗迓克奔，以役西土。勖哉夫子！尔所弗勖，其于尔躬有戮。"

【注释】

①甲子：周十三年二月甲子日。

②昧爽：黎明。

③"王朝"至"乃誓"：王，武王；牧，地名，纣都朝歌南七十里。谓武王来至近郊外之牧野。

④"王左杖"二句：杖、仗，古字通；旄，牦牛尾。

⑤逖矣：逖，远。

⑥"御事"至"百夫长"：御，治；治理政事之臣，总目司徒以下；亚，次；旅，众，指次于公之众卿；师氏，中大夫；千夫长，师卫；百夫长，旅卫。

⑦"庸"至"濮"：八国皆戎蛮之国。

⑧称：举起。

⑨比：排列。

⑩牝鸡无晨：鸡知时之禽，当晨而鸣，牝鸡无晨，喻妇人无男事。

⑪索：尽，指全家将因之耗尽。

⑫"昏弃"二句：昏，蔑；昏弃，即泯弃；肆祀，祭名；答、问，管；迪，进、用。不迪，谓不进而用之。

⑬"乃惟"至"卿士"：谓纣弃其贤臣，而尊长逃亡，罪人信用之，士事，用为卿大夫，典政事。

⑭发：武王名。

⑮"不愆"至"齐焉"：愆，超过；一击一刺曰伐；止齐，使队伍整齐。

⑯夫子：意谓先生、有识见者。

⑰桓桓：威武貌。

⑱"于商郊"至"西土"：于，往；逆，迎。商众来奔者，不得迎击之，以为周之役。

金　縢

既克商二年，王有疾，弗豫①。二公②曰："我其为王穆卜③。"周公曰："未可④以戚我先王。"公乃自以为功⑤，为三坛同墠⑥。为坛于南方，北面，周公立焉，植⑦璧秉圭，乃告太王、王季、文王。史乃册⑧，祝曰："惟尔元孙某⑨，遘厉虐疾。若尔⑩三王，是有丕子之责于天，以旦代某之身。予仁若考能⑪，多材多艺，能事鬼神；乃元孙不若旦多材多艺，不能事鬼神。乃命于帝庭⑫，敷佑四方⑬，用能定尔子孙于下地⑭，四方之民，罔不祗畏。呜呼！无坠天之降宝命⑮，我先王亦永有依归⑯。今我即命于元龟，尔之许我，我其以璧与圭，归俟尔命；尔不许我，我乃屏璧⑰与圭。"

乃卜三龟⑱，一习吉⑲。启籥见书，乃并是吉⑳。公曰："体，王其罔害。予小子新命于三王，惟永终是图；兹攸俟，能念予一人。"公归，乃纳册于金縢之匮中，王翼日乃瘳。

武王既丧，管叔及其群弟㉑乃流言于国，曰："公将不利于孺子㉒。"周公乃告二公曰："我之弗辟，我无以告我先王。"周公居东二年，则罪人斯得㉓。于后，公乃为诗以贻王，名之曰《鸱鸮》㉔，王亦未敢诮公㉕。

秋，大熟，未获，天大雷电以风，禾尽偃，大木斯拔，邦人大恐。王与大夫尽弁，以启金縢之书，乃得周公所自以为功代武王之说。二公及王，乃问诸史与百执事。对曰："信。噫！公命我勿敢言。"王执书以泣，曰："其勿穆卜。昔公勤劳王家，惟予冲人弗及知。今天动威，以彰周公之德，惟朕小子其亲逆，我国家礼亦宜之。"王出郊，天乃雨。反风，禾则尽起，二公命邦人，凡大木所偃，尽起而筑之，岁则大熟。

【注释】

①弗豫：豫，安适。一说天子有病曰不豫。

②二公：指太公、召公。

③穆卜：穆，恭敬。

④"未可"句：戚，祈祷。

⑤自以为功：功，通作攻。《周礼》：大祝掌六祈，五曰攻，六曰说。《史记·鲁世家》作质，质，抵押品。

⑥坛同墠：封土曰坛，除地曰墠。

⑦植：古假为置字。

⑧册：册谓简书，周公所作。

⑨元孙某：某，周公册书本作发，讳之，由成王启金滕读之。

⑩"若尔"至"之身"：此三句一气。是，这时；丕子，《史记》作负子，诸侯病曰负子；子，百姓；本为不子，丕与不，古通用；旦，周公名。

⑪予仁若考能：仁为佞之假借字。小徐本《说文》女部："佞，从女仁声。"故得假仁为之。若，而语之转。考、巧，古字通。言佞而多巧能。

⑫命于帝庭：武王受命于天帝之庭。

⑬敷佑四方：推行其道以佑助四方。

⑭下地：相对帝庭而言，人间故曰下地。

⑮降宝命：降，降下；宝，宝贵之使命。

⑯有依归：为宗庙之主。

⑰屏璧：屏，收藏。

⑱三龟：三王前各置一龟。

⑲习吉：习，重复。卜人皆曰吉。

⑳乃并是吉：言武王、周公并吉。

㉑群弟：武王同母兄弟十人，见《史记》，此指蔡叔、霍权。

㉒孺子：年幼之人，此指成王。

㉓罪人斯得：罪人，谓三监和武庚；得，捕获。

㉔"于后"二句：于后，于居东二年之后。公既得流言实情，乃为诗遗王，言己勤劳王室，管、蔡侮之，王室将毁，托鸱鸮以喻。

㉕未敢诮公：诮，责备；成王疑周公之意未解，得公之诗，怒其归功于己，委罪于人，故欲让之，推其恩亲，故未敢。

无　逸

　　周公曰："呜呼！君子所，其无逸①。先知稼穑之艰难，乃逸，则知小人之依。相小人，厥父母勤劳稼穑，厥子乃不知稼穑之艰难，乃逸，乃谚。既诞②，否则侮厥父母③曰：'昔之人无闻知！'"

　　周公曰："呜呼！我闻曰：昔在殷王中宗，严恭寅畏④，天命自度，治民祗惧，不敢荒宁。肆中宗之享国，七十有五年。其在高宗，时旧劳于外，爰暨小人。作其即位，乃或亮阴⑤，三年不言；其惟不言，言乃雍。不敢荒宁，嘉靖殷邦。至于小大，无时或怨。肆高宗之享国，五十有九年。其在祖甲，不义惟王，旧为小人。作其即位，爰知小人之依，能保惠于庶民，不敢侮鳏寡。肆祖甲之享国，三十有三年。自时厥后，立王生则逸；生则逸，不知稼穑之艰难，不闻小人之劳，惟耽乐之从。自时厥后，亦罔或克寿：或十年，或七八年，或五六年，或四三年。"

　　周公曰。"呜呼！厥亦惟我周太王、王季，克自抑畏。文王卑服⑥，即康功田功。徽柔懿恭，怀保小民，惠鲜鳏寡。自朝至于日中昃，不遑暇食，用咸和万民。文王不敢盘于游田，以庶邦惟正之供。文王受命惟中身，厥享国五十年。"

　　周公曰："呜呼！继自今嗣王，则其无淫于观、于逸、于游、于田，以万民惟正之供。无皇曰⑦：'今日耽乐。'乃非民攸训，非天攸若，时人丕则有愆。无若殷王受之迷乱，酗于酒德哉！"

　　周公曰："呜呼！我闻曰：'古之人犹胥训告，胥保惠，胥教诲；民无或胥诪张为幻⑧。'此厥不听。人乃训之；乃变乱先王之正刑，至于小大。民否则厥心违怨，否则厥口诅祝。"

　　周公曰："呜呼！自殷王中宗，及高宗，及祖甲，及我周文王，兹四人迪哲。厥或告之曰：'小人怨汝詈汝。'则皇自敬德。厥愆，曰：'朕之愆，允若时。'不啻不敢含怒。此厥不听，人乃或诪张为幻。曰：'小人怨汝詈汝。'则信之。则若时，不永念厥辟，不宽绰厥心；乱罚无罪，杀无辜。怨有同，是丛于厥身。"

　　周公曰："呜呼！嗣王其监于兹！"

【注释】

①君子所，其无逸：所，居于官位。言君子居官，动静食息，皆无逸乐。

②既诞：指百姓不知稼穑艰难，乃纵逸自恣，长此下去，无所不至。

③侮厥父母：谓讪侮其父母。

④严恭寅畏：严，庄重；恭，谦抑；寅，钦肃；畏，戒惧。

⑤亮阴：言居丧期间，恭默不言。

⑥卑服：贱服。犹禹之所谓恶衣服。

⑦无皇曰：无与毋通，皇与遑通。言不遑云云。

⑧诪张为幻：诪，诳诈；张，荒诞；幻，惑乱。

顾　命

惟四月，哉生魄①，王不怿。甲子，王乃洮水，相被冕服，凭玉几。乃同，召太保②奭、芮伯、彤伯、毕公、卫侯、毛公、师氏③、虎臣④、百尹、御事⑤。王曰："呜呼！疾大渐，惟几；病日臻，既弥留，恐不获誓言嗣，兹予审训命汝。昔君文王、武王，宣重光⑥，奠丽⑦陈教，则肄；肄不违，用克达殷集大命。在后之侗，敬迓天威，嗣守文、武大训，无敢昏逾。今天降疾，殆弗兴弗悟。尔尚明时朕言，用敬保元子钊⑧，弘济于艰难。柔远能迩，安劝小大庶邦。思夫人自乱于威仪，尔无以钊冒贡于非几兹⑨。"

既受命，还，出缀衣⑩于庭。越翼日乙丑，王崩。太保命仲桓、南宫毛，俾爰齐侯吕伋，以二干戈虎贲百人，逆子钊于南门之外。延入翼室⑪，恤宅宗。丁卯，命作册度。越七日癸酉，伯相⑫命士须材⑬。狄⑭设黼扆、缀衣。牖间南向，敷重篾席、黼纯；华玉仍几。西序东向，敷重厎席、缀纯，文贝仍几。东序西向，敷重丰席、画纯，雕玉仍几。西夹南向，敷重笋席、玄纷纯，漆仍几。越玉五重：陈宝、赤刀、大训、弘璧、琬琰，在西序；大玉、夷玉、天球、河图，在东序。胤之舞衣、大贝、鼖鼓，在西房；兑之戈、和之弓、垂之竹矢，在东房。大辂在宾阶面，缀辂在阼阶面，先辂在左塾之前，次辂在右塾之前。

二人雀弁执惠，立于毕门之内。四人綦弁，执戈上刃，夹两阶戺。一人冕执刘，立于东堂。一人冕执钺，立于西堂。一人冕执戣，立于东垂。

一人冕执瞿，立于西垂。一人冕执锐，立于侧阶。王麻冕黼裳，由宾阶。卿士邦君，麻冕蚁裳，入即位。太保、太史、太宗，皆麻冕彤裳。太保承介圭，上宗奉同瑁，由阼阶。太史秉书，由宾阶，御王册命。曰："皇后凭玉几，道扬末命，命汝嗣训，临君周邦，率循大卞，燮和天下，用答扬文、武之光训。"王再拜，兴。答曰："眇眇予末小子，其能而乱四方，以敬忌天威？"乃受同瑁，王三宿，三祭，三咤。上宗曰："飨。"太保受同，降，盥。以异同，秉璋以酢。授宗人同，拜。王答拜。太保受同，祭，哜，宅。授宗人同，拜。王答拜。太保降，收。诸侯出庙门俟。

【注释】

①哉生魄：哉，开始。月之轮廓无光处曰魄。言月亮开始发光。

②"太保"至"毛公"：此六人即六卿。

③师氏：官名，统御军队之官员。

④虎臣：即虎贲，守卫王宫的官员。

⑤百尹、御事：尹，正；谓百官之长。御事，低级办事官员。

⑥重光：日月之光。

⑦奠丽：奠，定；丽，数。

⑧钊：康王名。

⑨冒贡于非几兹：冒，贪；贡，献纳；于，而；几，通"机"，理；兹，通"哉"。

⑩缀衣：幄帐。

⑪翼室：路寝旁左右翼室。

⑫伯相：召公。

⑬命士须材：指命士取材木以供丧用。

⑭狄：官名，主持祭礼之官。

秦 誓

公曰："嗟！我士！听无哗！予誓告汝群言之首①。古人有言曰：'民讫自若，是多盘②。责人斯无难，惟受责俾如流，是惟艰哉。'我心之忧：

日月逾迈，若弗员来③。惟古之谋人，则曰未就予忌；惟今之谋人，姑将以为亲。虽则云然，尚猷询兹黄发，则罔所愆。番番④良士，旅力既愆，我尚有之。仡仡⑤勇夫，射御不违，我尚不欲。惟截截⑥善谝言，俾君子易辞，我皇多有之！

"昧昧我思⑦之：如有一介臣。断断⑧猗，无他技；其心休休⑨焉，其如有容。人之有技，若己有之；人之彦圣，其心好之，不啻若自其口出，是能容之。以保我子孙黎民，亦职有利哉。人之有技，冒疾以恶之；人之彦圣，而违之，俾不达，是不能容。以不能保我子孙黎民，亦曰殆哉。邦之杌陧⑩，曰由一人；邦之荣怀，亦尚一人之庆。"

【注释】

①群言之首：指众说法中之第一关键的话。

②多盘：盘，游乐。

③若弗员来：员，同"云"。谓日月已去，若不再来。

④番番：年老样。

⑤仡仡：勇壮样。

⑥截截：浅薄样。

⑦昧昧我思：谓深潜而静思。

⑧断断：诚实专一。

⑨休休：易直、宽容。

⑩杌陧：不安。

《诗经》精华

【著录】

　　《诗经》是我国最古老的一部诗歌总集。《诗经》共三百零五篇，分为风、雅、颂三大类。它产生的年代，大约上起西周初年，下至春秋中叶，历时五百多年。它产生的地域，约在现今的陕西、山西、河南、河北、山东和湖北北部一带地区。传说周王室有专人收集民间诗歌的制度，称为"采诗"，当时大量的民歌和贵族的诗篇，就是依靠这种方式收集并且保存下来的。全书由孔子删定，当时称为"诗"或"诗三百"。到了汉代，武帝罢黜百家，独尊儒术，将孔子所删定的《诗》，列为儒家经典之一，称为《诗经》。

　　《诗经》经秦始皇焚书坑儒以后，汉代保存下来的研究《诗经》的成果有四种：鲁人申培所传的鲁诗，齐人辕固所传的齐诗，燕人韩婴所传的韩诗和鲁人毛亨所传的毛诗，前三种诗都先后衰废。我们现今所读的《诗经》，是毛亨所传。毛亨作《毛诗故训传》，所以后人又称《诗经》为"毛诗"。

　　《诗经》大体上反映了周代的社会面貌和人民的思想感情，它的内容既有反映劳动人民生产的诗歌，也有反剥削、反压迫的诗歌；既有反映贵族生活和歌颂王公贵族的诗，也有揭露统治者丑行的讽刺诗；既有抒写关于恋爱、婚姻家庭生活的诗，也有叙述周人开国和宣王征伐四夷而中兴的诗。可以说《诗经》是一部周族从后稷到春秋中叶的发展史。

　　长期以来，《诗经》一直受到很高的评价，它对中国二千多年的文学发展有着深刻广泛的影响。《诗经》在汉语发展史上的地位也是非常重要的。它反映了两千五百年前文学语言的真实面貌，具有丰富的词汇，尤其在研究上古音韵方面，它是极为重要的资料。《诗经》的句法，主要是四言的，这可能受原始劳动诗歌一反一复的制约。但到诗人情绪激昂时，也会突破常用的句式，有从一字到八字的变化。《诗经》的韵律，是比较和谐悦耳的。在声调方面，有双声、叠韵、复句之妙，有顶真、排比之变，有兮、矣、只、思、斯、也之声。这些，都加强了诗的音乐性。在用韵方面，也是比较复杂而又自由的，音节锵锵，和谐优美。

总之，《诗经》在写作技巧上，遣词用字精练生动，句法章法变化无穷，状物写人形象逼真，叙事抒情优美感人，是一部文学和历史的艺术珍品。

黄　鸟

交交①黄鸟，止于棘。

谁从穆公？子车奄息②。

维此奄息，百夫之特。

临其穴，惴惴其栗。

彼苍者天，歼我良人！

如可赎兮，人百其身。

交交黄鸟，止于桑。

谁从穆公？子车仲行③。

维此仲行，百夫之防。

临其穴，惴惴其栗。

彼苍者天，歼我良人！

如可赎兮，人百其身。

交交黄鸟，止于楚。

谁从穆公？子车针虎④。

维此针虎，百夫之御。

临其穴，惴惴其栗。

彼苍者天，歼我良人！

如可赎兮，人百其身。

【注释】

①交交：犹佼佼，飞而往来貌。

②子车奄息：子车，姓；奄息，名。

③仲行：人名。为子车氏之次子。

④针虎：子车氏之第三子。

七　月

七月流火①，九月授衣。

一之日觱发，二之日栗烈②。

无衣无褐，何以卒岁！

三之日于耜③，四之日举趾④。

同我妇子，馌彼南亩。

田畯至喜⑤。

七月流火，九月授衣。

春日⑥载阳，有鸣仓庚。

女执懿筐，遵彼微行，爰求柔桑。

春日迟迟，采蘩祁祁⑦。

女心伤悲，殆及公子同归⑧。

七月流火，八月萑苇⑨。

蚕月条桑，取彼斧斨。

以伐远扬⑩，猗彼女桑⑪。

七月鸣鵙，八月载绩⑫。

载玄载黄，我朱孔阳，

为公子裳。

经部

四月秀葽[13]，五月鸣蜩。

八月其获，十月陨萚[14]。

一之日于貉，取彼狐狸，为公子裘。

二之日其同，载缵武功。

言私其豵，献豜于公[15]。

五月斯螽动股，六月莎鸡振羽。

七月在野，八月在宇，

九月在户，十月蟋蟀入我床下[16]。

穹窒熏鼠，塞向墐户[17]。

嗟我妇子，曰为改岁，入此室处。

六月食郁及薁，七月亨葵及菽。

八月剥枣，十月获稻。

为此春酒，以介眉寿。

七月食瓜，八月断壶，九月叔苴。

采荼薪樗，食我农夫。

九月筑场圃，十月纳禾稼。

黍稷重穋，禾麻菽麦。

嗟我农夫，我稼既同，

上入[18]执宫功！昼尔于茅，

宵尔索綯[19]。亟其乘屋[20]，

其始播百谷。

二之日凿冰冲冲[21]，三之日纳于凌阴[22]。

四之日其蚤，献羔祭韭。

九月肃霜，十月涤场。

朋酒斯飨，曰杀羔羊[23]。

跻彼公堂，称彼兕觥，

万寿无疆！

【注释】

①流火：流，向下行；火，大火星。

②"一之日"二句：一之日，周历正月；二之日，以下类推。

③于耜：于，修理；耜，翻土农具。

④举趾：举足而耕。

⑤"彼"二句：馌，送饭；田畯，指监工、农官。

⑥"春日"四句：阳，温和；仓庚，黄莺；懿筐，深筐；微行，小路。

⑦祁祁：众多貌。

⑧"女心"二句：春女思，秋士悲，感其物化。豳公之子，躬率其民，同时出，同时归。

⑨萑苇：荻草和芦苇。

⑩远扬：远，枝远；扬，条扬。

⑪女桑：嫩桑叶。

⑫载绩：丝事毕而麻事起；载，开始；绩，纺。

⑬秀葽：不荣而实曰秀；葽，草名，今名远志。

⑭陨萚：落叶。

⑮"言私"二句：豕，一岁曰豵，三岁曰豜；私，私人占有。

⑯"七月"四句：皆谓蟋蟀。盖古者在野有庐，在邑有室。春夏居庐，秋冬居室。故豳人历叙其由外而内，由远而近，由蟋蟀以纪候。

⑰"穹窒"二句：穹窒，谓尽穷室中之穴隙而塞之，以御寒气。其穴有鼠者，则薰而去之。塞向者，填室西室之北牖。墐户，涂拭房室相通之门。

⑱"上入"句：入而治宫中之事。

⑲"昼尔"二句：绹绳索。昼取茅草，夜索以为绳。

⑳乘屋：登上屋顶，进行修缮。

㉑冲冲：凿冰之声。

㉒凌阴：冰窖。

㉓"九月"四句：肃霜，天高气爽；霜，同"爽"，霜降而收缩万物；涤，扫除场地；朋酒，两壶酒；飨者，以酒食待客。

鸱鸮

鸱鸮[①]鸱鸮，既取我子，无毁我室。
恩斯[②]勤斯，鬻子之闵斯。

迨天之未阴雨，彻彼桑土，绸缪牖户。
今女下民，或敢侮予[③]？

予手拮据，予所捋荼。
予所蓄租，予口卒瘏[④]，曰予未有室家。

予羽谯谯[⑤]，予尾翛翛[⑥]。予室翘翘[⑦]。
风雨所漂摇。予维音哓哓[⑧]。

【注释】

①鸱鸮：像猫头鹰一类的鸟。

②"恩斯"：恩，《鲁诗》作殷，恩勤，犹殷勤。

③"迨天"五句：迨，趁着；彻，通"撤"，取；桑土，桑根。言此鸱鸮小鸟，尚知天未阴而取桑根之皮，以绸缪牖户。君治其国，谁敢侮之？意在讽刺成王。

④"予手"四句：拮据，劳苦；荼，芦苇的花；租为祖之讹字，当作祖，祖，积聚；卒瘏，劳累致病。

⑤谯谯：羽毛残敝貌。

⑥翛翛：当作修修，干枯无光貌。

⑦翘翘：高而危险貌。

⑧哓哓：恐惧的叫声。

六　月

六月栖栖[①]，戎车既饬。

四牡骙骙②，载是常服。
狎狁孔炽③，我是用急。
王于出征，以匡王国。

比物④四骊，闲⑤之维则。
维此六月，既成我服。
我服既成，于三十里。
王于出征，以佐天子。

四牡修广，其大有颙。
薄伐狎狁，以奏肤公。
有严有翼⑥，共武之服。
共武之服，以定王国。

狎狁匪茹，整居焦获⑦。
侵镐及方，至于泾阳。
织文鸟章，白斾央央⑧。
元戎十乘，以先启行。

戎车既安，如轾如轩⑨。
四牡既佶⑩，既佶且闲。
薄伐狎狁，至于大原。
文武吉甫⑪，万邦为宪。

吉甫燕喜，既多受祉。
来归自镐，我行永久⑫。
饮御诸友，炰鳖脍鲤。
侯谁在矣？张仲孝友。

【注释】

①栖栖：紧张忙碌貌。

②骙骙：马匹强壮貌。

③猃狁孔炽：猃狁，北狄；孔炽，盛大。

④比物：比，并置；物，指马。比物，指同色的马并列在一起。

⑤闲：练习。

⑥有严有翼：严，威武庄严貌；翼，恭敬谨慎貌。

⑦焦获：地名。

⑧央央：鲜明貌。

⑨如轾如轩：轾，车向下俯；轩，车向上仰。

⑩佶：健壮貌。

⑪吉甫：人名，即尹吉甫。

⑫"吉甫"四句：吉甫既伐猃狁而归，天子以燕礼乐之，很是高兴，又多受赏赐。

斯　干①

秩秩斯干，幽幽南山。

如竹苞矣，如松茂矣②。

兄及弟矣，式相好矣，无相犹矣③。

似续④妣祖，筑室百堵，西南其户。

爰居爰处，爰笑爰语。

约之⑤阁阁，椓之橐橐。

风雨攸除，鸟鼠攸去，

君子攸芋。

如跂斯翼⑥，如矢斯棘，

如鸟斯革⑦，如翚⑧斯飞，

君子攸跻⑨。

殖殖⑩其庭，有觉其楹，

哙哙⑪其正，哕哕其冥，

君子攸宁。

下莞上簟⑫，乃安斯寝。

乃寝乃兴，乃占我梦。

吉梦维何？

维熊维罴，维虺维蛇。

大人占之，

维熊维罴，男子之祥；

维虺维蛇，女子之祥。

乃生男子，载寝之床，

载衣⑬之裳，载弄之璋。

其泣喤喤。朱芾斯皇，室家君王。

乃生女子，载寝之地，

载衣之裼，载弄之瓦。

无非无仪，唯酒食是议，无父母诒罹。

【注释】

①斯干：歌咏宣王筑室落成之诗。

②"秩秩"四句：秩秩，水清澈流动貌；干，通"涧"；幽幽，深远貌。喻宣王之德，如涧水之源，秩秩流出，无穷无尽；竹苞、松茂，言时民殷众，如竹之本生，其姣好又如松柏之畅茂。

③"兄及"三句：式，语词；犹，通"猷"，欺诈。

④"似续"：似，通"嗣"，继承。

⑤"约之"五句：约，捆束；阁阁，象声词；橐橐，夯土声；芋，居住。

⑥如跂斯翼：翼，整齐貌。如人之跂竦为敬，盖敬则容貌端严，故以喻墙壁之直立。

⑦斯革：革为之假借字。翅膀。

⑧翚：野鸡。

⑨跻：升，登，此指往。

⑩ "殖殖" 二句：殖殖，平正貌；有觉，高大貌。

⑪ "哙哙" 二句：哙哙，宽敞明亮貌；正，正屋；冥，幽暗处。

⑫下莞上簟：莞，草席；簟，竹席。

⑬ "载衣" 五句：载，则，就；衣，穿；璋，玉器名，状如半圭；朱芾，代指礼服；斯皇，辉煌；室家，国家。

楚　　茨①

楚楚者茨，言抽其棘②。自昔何为？
我艺黍稷。我黍与与③，我稷翼翼④。
我仓既盈，我庾⑤维亿。
以为酒食，以享以祀。以妥以侑，以介景福。

济济跄跄⑥，絜尔牛羊。以往烝尝，
或剥或亨，或肆或将。
祝祭于祊，祀事孔明。
先祖是皇，神保是飨。
孝孙有庆，报以介福，万寿无疆。
执爨踖踖⑦，为俎孔硕，或燔或炙。
君妇莫莫，为豆孔庶，为宾为客。
献酬⑧交错，礼仪卒度，笑语卒获。
神保是格⑨，报以介福，万寿攸酢。

我孔熯⑩矣，式礼莫愆。
工祝致告，徂赉⑪孝孙，苾

芬孝祀，神嗜饮食，

　卜尔百福。如几如式，

既齐既稷，既匡既敕，

永锡⑫尔极，时万时亿。

礼仪既备，钟鼓既戒。孝孙徂位，

工祝致告。神具醉止，皇尸载起。

鼓钟送尸，神保聿归。

诸宰君妇，废彻不迟。

诸父兄弟，备言燕私。

乐具入奏，以绥后禄。

尔殽既将，莫怨具庆。

既醉既饱，小大稽首。

神嗜饮食，使君寿考。

孔惠孔时⑬，维其尽之。

子子孙孙，勿替引之。

【注释】

①楚茨：丰收之后，周王祭祀宗庙之诗。

②"楚楚"二句：楚楚，盛密貌；茨，蒺藜，凡草木刺者谓之棘；抽棘，抽其茨之棘。

③与与：茂盛貌。

④翼翼：整齐貌。

⑤庾：露天粮仓曰庾。

⑥济济跄跄：济济，庄严恭敬貌；跄跄，行走有节奏貌。

⑦踖踖：敏捷恭敬貌。

⑧献酬：献，敬酒；酬，劝酒。

⑨格：至。

⑩煤：敬惧。

⑪徂赉：徂与且通；赉，予，并。

⑫"永锡"二句：锡，赐；极，至，最大的福气；时，是；亿，在周代为十万。

⑬孔惠孔时：孔，甚；惠，顺；时，是。甚顺者，无不顺；甚是者，无不是。

宾之初筵①

宾之初筵，左右秩秩②。
笾豆有楚③，殽核维旅④。
酒既和旨，饮酒孔偕。
钟鼓既设，举酬逸逸⑤。
大侯⑥既抗，弓矢斯张。
射夫既同，献尔发功。
发彼有的，以祈尔爵。

籥舞笙鼓，乐既和奏。
烝衎烈祖⑦，以洽百礼。
百礼既至，有壬有林⑧。
锡尔纯嘏，子孙其湛⑨。
其湛曰乐，各奏尔能。
宾载手仇，室人入又。
酌彼康爵，以奏尔时。

宾之初筵，温温其恭。
其未醉止，威仪反反；
曰既醉止，威仪幡幡。
舍其坐迁，屡舞仙仙。
其未醉止，威仪抑抑；
曰既醉止，威仪怭怭⑩。
是曰既醉，不知其秩。

宾既醉止，载号载呶。

乱我笾豆，屡舞僛僛。

是曰既醉，不知其邮。

侧弁之俄，屡舞傞傞。

既醉而出，并受其福；

醉而不出，是谓伐德。

饮酒孔嘉，维其令仪。

凡此饮酒，或醉或否。

既立之监，或佐之史。

彼醉不臧，不醉反耻。

式勿从谓，无俾大怠。

匪言勿言，匪由勿语；

由醉之言，俾出童羖。

三爵不识，矧敢多又。

【注释】

①宾之初筵：讽刺醉后失仪丧德之诗。

②秩秩：敬肃貌。

③有楚：楚楚，行列整齐貌。

④殽核维旅：殽，同"肴"，盛在豆中之鱼肉；核，盛在笾中之果品；维，是；旅，陈列。

⑤逸逸：犹绎绎，往来不断貌。

⑥"大侯"两句：大侯，箭靶；抗，张开。言大侯既张开，而弓矢亦张开。

⑦烝衎列祖：烝，进；和乐，娱乐；烈祖，有功业之先祖；意谓燕乐之义既得，则能进乐其先祖。

⑧壬、林：壬，大；林，盛。

⑨湛：喜乐。

⑩怭怭：缓慢貌。

文　王

文王在上，於昭於天①。
周虽旧邦，其命维新。
有周不显，帝命不时。
文王陟降，在帝左右。

亹亹②文王，令闻不已。
陈锡哉周，侯文王孙子。
文王孙子，本支百世③。
凡周之士，不显亦世。

世之不显，厥犹翼翼④。
思皇多士，生此王国。
王国克生，维周之桢。
济济多士，文王以宁。

穆穆⑤文王，於缉熙⑥敬止。
假哉天命！有商孙子。
商之孙子⑦，其丽不亿。
上帝既命，侯于周服。

侯服于周，天命靡常。
殷士肤敏，裸将於京。
厥作裸将，常服黼冔⑧。
王之荩臣⑨，无念尔祖。

无⑩念尔祖，聿修厥德。
永言配命，自求多福。
殷之未丧师，克配上帝。

宜鉴于殷，骏命不易⑪。

命之不易，无遏尔躬。
宣昭义问，有虞殷自天。
上天之载，无声无臭。
仪刑文王，万邦作孚。

【注释】

①"文王"二句：文王，即周文王姬昌；此二句言文王上接天，下接人。

②亹亹：勤勉貌。

③"陈锡"四句：陈，借为申，一再；锡，通"赐"；哉，通"载"，造；言能敷恩惠之施，受命造始周国；本，本宗；支，支系。

④厥犹翼翼：犹与由通用。翼翼，恭敬貌。

⑤穆穆：美好貌。

⑥缉熙：光明貌。

⑦"商之孙子"六句：丽，数目；侯，惟。言商之孙子，有过亿之数，天既命文王，则维服于周。盛德不可为众，则见天命之无常。

⑧"殷士"四句：殷士，殷之臣；肤，美；敏，急；裸，灌祭；将，举行；于京，於周之京；黼，白与黑；冔，殷冠；言微子服殷之冠，助祭于周。

⑨王之荩臣：荩，进；王之进用臣，当念汝祖为之法；王，指成王。

⑩无：发语词，无意义。

⑪"宜鉴"二句：鉴，镜子；骏，大。宜以殷王贤愚为镜，执行天之大命，诚不容易。

大　明

明明①在下，赫赫在上，
天难②忱斯，不易维王。
天位③殷适，使不挟四方。

挚仲④氏任，自彼殷商，

来嫁于周，曰嫔于京。

乃及王季，维德之行。

大任有身⑤，生此文王。

维此文王，小心翼翼，

昭事上帝，聿怀多福。

厥德不回，以受方国。

天监在下，有命既集。

文王初载⑥，天作之合。

在洽之阳，在渭之涘。

文王嘉止⑦，大邦有子。

大邦有子，伣天之妹。

文定⑧厥祥，亲迎于渭，

造舟为梁⑨，不显其光。

有命自天，命此文王。

于周于京⑩。缵女维莘，

长子维行⑪，笃生武王。

保佑命尔，燮伐大商。

殷商之旅，其会如林。

矢⑫于牧野："维予侯兴，上帝临女，无贰尔心⑬。"

牧野洋洋，檀车煌煌，驷騵⑭彭彭⑮。

维师尚父⑯，时维鹰扬。

凉彼武王，肆伐大商，会朝清明⑰。

【注释】

①"明明"二句：明明：光明貌；赫赫，显盛貌；言文王之德明著于下，故赫赫然著见于天。

②"天难"二句：忱，相信；易，轻率怠慢；言。天之意难信，而为王不易。

③"天位"二句：位，同"立"；适，通"敌"；挟，达。言纣居天位，而殷之正敌，天以其为恶，乃弃绝之，使教令不达于四方。

④"挚仲"六句：挚，国名；任，姓；仲，中女；嫔，嫁；京，京师；王季，文王之父；及，与。

⑤有身：身，古娠字，娠，妊娠。

⑥"文王初载"四句：载，记识。谓文王生而有所记验，如《左传》仲子生而有文在其手之事，此所谓天作之合。洽，水名，在今陕西省合阳县北部；渭即渭水。

⑦"文王嘉止"四句：嘉止，嘉礼，此指婚礼；大邦，莘国，辖境在今陕西省河阳县东南；子，女子；伣，好比；妹，少女。

⑧文定：即订婚。

⑨"亲迎"二句：贤女配圣人，得其宜，故备礼。太姒家在洽水之北，经惟亲迎于渭者。由渭水边北上，至太姒家中，限两濮水，故下句言"造舟为梁"。天子之舟曰造舟。

⑩于周于京：言文王改号为周，易邑为京。

⑪"缵女"二句：缵，美好；莘，莘国；长子，长女；行，嫁。

⑫矢：誓师。

⑬"上帝"二句：天护视你们，伐纣必克，无有疑心。

⑭驷騵：架一车之四匹赤毛白腹马。

⑮彭彭：强盛貌。

⑯维师尚父：师，太师；尚父，对吕尚的尊称，即姜太公。

⑰"肆伐"二句：肆伐，肆兵攻伐；会朝，会战之日。

皇　矣

皇矣上帝，临下有赫。

监观四方，求民之莫①。

维此二国②，其政不获。

维彼四国③，爰究爰度④。

上帝耆之，憎其式廓⑤。

乃眷西顾⑥，此维与宅。

作之屏之⑦，其菑其翳。

修之平之，其灌其栵⑧。

启之辟之，其柽⑨其椐⑩。

攘之剔之，其檿⑪其柘⑫。

帝迁明德，串夷载路⑬。

天立厥配，受命既固。

帝省其山，柞棫⑭斯拔，松柏斯兑。

帝作邦作对，自大伯王季。

维此王季⑮，因心则友。

则友其兄，则笃其庆。

载锡之光，受禄无丧，奄有四方。

维此王季，帝度其心，

貊其德音⑯。其德克明，

克明克类，克长克君。

王此大邦，克顺克比。

比于文王，其德靡悔。

既受帝祉，施于孙子。

帝谓文王，无然畔援，

无然歆羡，诞先登于岸。

密人不恭，敢距大邦，侵阮徂共⑰。

王赫斯怒，爰整其旅，

以按徂旅，以笃周祜，

以对于天下。

依其在京，侵自阮疆，

陟我高冈。无矢我陵，

我陵我阿；无饮我泉，我泉我池。

度其鲜原，居岐之阳，在渭之将，

万邦之方，下民之王。

帝谓文王，予怀明德，

不大声以色，不长夏以革，

不识不知，顺帝之则。

帝谓文王，询尔仇方[18]，同尔兄弟，

以尔钩援，与尔临冲，以伐崇墉。

临冲闲闲，崇墉言言。

执讯连连，攸馘安安[19]。

是类是祃，是致是附，四方以无侮。

临冲茀茀，崇墉仡仡[20]。

是伐是肆，是绝是忽，

四方以无拂[21]。

经

部

【注释】

①求民之莫：莫，安定；言但求人民之安定。

②二国：谓夏、商。

③四国：谓四方之国，指殷商时各诸侯国。

④爰究爰度：爰，于是；究，考虑；度，估计。

⑤憎其式廓：憎，同"增"；式廓，规模。谓增大其疆域之规模。

⑥西顾：顾视西土。西土，指岐周之地而言。

⑦作之屏之：作，拔起；屏，斩削。

⑧枿：斩而复生之木曰枿。

⑨柽：木名，俗称西湖柳。

⑩椐：木名，又名灵寿木。

⑪㭖：山桑。

⑫柘：木名，叶可饲蚕。

⑬串夷载路：串，恶习；夷，西戎；载路，谓充满道路。

⑭柞棫：柞，木名，长绿树；棫，丛生小木。

⑮维此王季：言王季之德，可比于文王。

⑯貊其德音：意谓莫然而靖定其道德之音。

⑰阮、共：阮，国名；共，阮国之地名。

⑱询尔仇方：询，商量；仇方，仇国。

⑲"临冲闲闲"四句：临，临车；冲，冲车，古代两种战车名；闲闲，强盛貌；崇，古国名，辖境在今陕西省西安市沣水西；墉，城墙；言言，高大貌；讯，俘虏；馘，战争中割下所杀敌人之左耳，用以计功。

⑳"是类"五句：类，出师前祭天；祃，出师后祭天；致，招降；附，安抚；茀茀，强盛貌；仡仡，同"屹屹"，高耸貌。

㉑"是伐"三句：肆，袭击；忽，灭绝；拂，违逆。

生　民

厥初生民①，时维姜嫄②。

生民如何？

克禋克祀，以弗无子③。

履帝武敏歆④，攸介攸止，载震载夙，

载生载育，时维后稷。

诞弥厥月⑤，先生如达⑥，

不坼不副⑦，无菑无害。

以赫厥灵，上帝不宁，

不康禋祀，居然生子！

诞真之隘巷^⑧，牛羊腓字^⑨之；
诞真之平林，会伐平林^⑩；
诞真之寒冰，鸟覆翼之。
鸟乃去矣，后稷呱矣。
实覃实讦^⑪，厥声载路。

诞实匍匐，克岐克嶷^⑫，
以就口食。蓺之荏菽^⑬，
荏菽旆旆^⑭，禾役穟穟^⑮，
麻麦幪幪^⑯，瓜瓞唪唪^⑰。

诞后稷之穑，有相之道。
茀厥丰草，种之黄茂。
实方实苞，实种实褎，
实发实秀，实坚实好，
实颖实栗，即有邰家室。

诞降嘉种，维秬维秠^⑱，
维穈维芑^⑲。恒之^⑳秬秠，
是获是亩。恒之穈芑，
是任是负，以归肇祀^㉑。

诞我祀如何？或舂或揄，
或簸或蹂，释之叟叟，
烝之浮浮^㉒。载谋载惟，
取萧祭脂，取羝以軷。
载燔载烈，以兴嗣岁^㉓。

卬盛于豆，于豆于登^㉔。
其香始升，上帝居歆，

胡臭㉕亶时。后稷肇祀，

庶无罪悔，以迄于今。

【注释】

①厥初生民：厥初，谓周人初生之始祖；民，周人。

②姜嫄：有邰氏之女，名嫄。高辛氏之世妃，生后稷，即周人始祖。

③以弗无子：弗，借为祓，用祭祀来消除灾难；意谓除去无子之灾以求有子。

④履帝武敏歆：履，践踏；武，足迹；歆，欣喜。言姜嫄出祀郊庙时，践大人之迹而歆动，因而有娠，遂生后稷。

⑤诞弥厥月：诞，发语词；弥，满。谓满十月之期。

⑥先生如达：先生，初生，第一胎；达，顺利。

⑦不坼不副：坼，崩开；副，破裂。凡人之生，必坼副而伤害其母。今姜嫄生后稷，并无坼副伤害之苦。

⑧诞寘之隘巷：谓弃置于狭巷之内。

⑨腓字：爱护，哺乳。

⑩会伐平林：会，值；值人伐木而收之。

⑪实覃实讦：覃，长；讦，大。言啼声长而大。

⑫岐、嶷：峻茂状。

⑬蓺之荏菽：蓺，种植；荏菽，大豆。

⑭旆旆：枝叶茂盛貌。

⑮穟穟：禾苗美好貌。

⑯幪幪：茂密貌。

⑰唪唪：多实貌。

⑱秬、秠：秬，黑黍；秠，一稃而二米的黑黍。

⑲糜、芑：糜，赤粱粟；芑，白粱粟。

⑳恒之：恒，遍。

㉑肇祀：肇，始。稷始受国为祭主，故日肇祀。

㉒"释之叟叟"二句：释，淘米；叟叟，淘米声；烝，蒸；浮浮，热气上升貌。

㉓ "载谋"五句：谋，谋划；惟，思考；萧，香蒿；脂，羊肠脂；羝，公羊；

軷，祭路神，古时郊祀上帝，先祭路神；燔，将肉放在火里烧；烈，将肉架

在火上烤；嗣岁，来年。

㉔ "卬盛"二句：卬，我；木曰豆，瓦曰登；豆，盛肉的高脚食器；登，

盛汤的瓦制食器，似豆而浅。

㉕ "胡臭"句：胡，何；亶，诚；时，善。

公　刘

笃公刘①，匪居匪康，
乃场乃疆②，乃积乃仓③，
乃裹餱粮，于橐于囊，
思辑用光④。弓矢斯张，
干戈戚扬⑤，爰方启行⑥。

笃公刘，于胥斯原⑦，
既庶既繁⑧，既顺乃宣⑨，
而无永叹。陟则在巘⑩，
复降在原。何以舟之？
维玉及瑶⑪，鞞琫容刀⑫。

笃公刘，逝彼百泉，
瞻彼溥原，乃陟南冈⑬，
乃觏于京。京师之野，
于时处处，于时庐旅，
于时言言，于时语语。

笃公刘，于京斯依⑭。
跄跄济济，俾筵俾几。
既登乃依，乃造其曹。

执豕于牢，酌之用匏⑮。

食之饮之，君之宗之。

笃公刘，既溥既长，

既景乃冈⑯，相其阴阳，

观其流泉。其军三单⑰。

度其隰原，彻田为粮。

度其夕阳⑱，豳居允荒⑲。

笃公刘，于豳斯馆。

涉渭为乱，取厉取锻。

止基乃理，爰众爰有。

夹其皇涧⑳，溯其过涧，

止旅乃密，芮鞫之即。

【注释】

①笃公刘：笃，忠实厚道；公刘，后稷之曾孙，周部祖首领，公是号，刘是名。

②场、疆：均为田界。小界曰场，大界曰疆。

③积、仓：积，露天粮仓；仓，室内粮仓。

④思辑用光：辑，和睦；光，荣光。言民相互和睦而显扬于世。

⑤戚扬：戚，斧；扬，钺。

⑥爰方启行：爰，于是；方，始；启行，启程。言于是启程而迁都于豳。

⑦于胥斯原：胥，察看；原，田野。谓善相其阪险原野。

⑧庶、繁：言人众多。

⑨顺、宣：民心归服，曰顺；宣，舒畅。

⑩巘：小山。

⑪维玉及瑶：瑶，似玉之美石，言有美德。

⑫鞞琫容刀：鞞，刀鞘；琫，刀上玉饰；容刀，容饰之刀。

⑬南冈：邠山在百泉之南，故曰南冈。

⑭于京斯依：依，依附，言于邠之大地，依之立国。

⑮"俾筵"五句：宾已登席而坐，乃依几案；曹，众人；豕，猪；牢，猪圈；酌，斟酒；匏，葫芦。

⑯既景乃冈：景，通"影"，以日影定方向；冈，登冈视之。

⑰三单：单，通"禅"，更替，言将军队分而为三，轮流更替，以节民力。

⑱度其夕阳：夕阳，指山的西面，因夕时向阳，故称夕阳；度邠山西之地，以广邠人之居。

⑲幽居允荒：允，信；荒，大。邠之所处，信实宽大。

⑳皇涧：涧名。

嵩　高

嵩高维岳①，骏极于天。

维岳降神，生甫及申。

维申及甫，维周之翰②。

四国于蕃，四方于宣③。

亹亹④申伯，王⑤缵之事。

于邑于谢，南国是式⑥。

王命召伯，定申伯之宅。

登是南邦，世执其功⑦。

王命申伯，式是南邦，

因是谢人，以作尔庸⑧。

王命召伯，彻⑨申伯土田。

王命傅御，迁其私人⑩。

申伯之功，召伯是营。

有俶⑪其城，寝庙既成，

既成藐藐⑫。王锡申伯，

四牡跷跷[13]，钩膺濯濯[14]。

王遣申伯，路车乘马。

我图尔居，莫如南土，

锡尔介圭，以作尔宝[15]，

往近王舅[16]，南土是保。

申伯信迈，王饯于郿[17]。

申伯还南，谢于诚归。

王命[18]召伯，彻申伯土疆，

以峙其粻，式遄其行。

申伯番番，既入于谢。

徒御啴啴[19]，周邦咸喜，戎有良翰。

不显申伯，王之元舅，文武是宪[20]。

申伯之德，柔惠且直。

揉此万邦，闻于四国[21]。

吉甫作诵[22]，其诗孔硕，

其风肆好，以赠申伯[23]。

【注释】

①嵩高维岳：嵩，山高貌，山大而高曰嵩；岳，山之尊者。

②"维岳"四句：岳降神灵和气，以生申、甫之大功。申，申伯；甫，吕侯；翰，栋梁。

③"四国"二句：蕃，通"藩"，藩篱，屏障；宣，借为垣，围墙。

④亹亹：勤勉貌。

⑤王：宣王。

⑥"于邑"二句：邑，城；谢，周之南国，言建国于谢地；式，法。

⑦"王命"四句：时召穆公为司空，主缮治，故以命之；宅，居；登，成。

⑧庸：城。

⑨彻：治。

⑩"王命傅御"二句：凡大国三卿，命于天子。傅御，谓诸侯之上大夫；私人，即傅御之家臣。

⑪有俶：俶，修缮。

⑫蓁蓁：美盛貌。

⑬蹻蹻：强壮貌。

⑭濯濯：光明貌。

⑮"锡尔"二句：介圭，大圭；圭，玉制礼器；宝，瑞。圭长尺二寸，谓之介，非为侯之圭，故以为瑞异。

⑯往近王舅：近，语助词，犹哉；申伯，是宣王之舅。

⑰王饯于郿：郿，古邑名，故城在今陕西省眉县东北。

⑱"王命"四句：峙，储；粻，粮；式，用；遄，速。

⑲徒御啴啴：徒，步行者；御，驾车者；啴啴，喜乐貌。

⑳"周邦"五句：周，遍，言遍邦之人相庆喜；戎，大；翰，干；元舅，大舅；文武是宪，言申伯既有文德，又有武功，足为法于天下。

㉑四国：犹言四方。

㉒吉甫作诵：尹吉甫作颂赞之诗。

㉓"其风"二句：风，曲调，《风》《雅》《颂》皆可称为《风》；肆好，极好；赠，增。风切申伯，又使之长行善道；以此赠申伯者，送之令以为乐，以增其美德。

烝　民

天生①烝民，有物有则。

民之秉彝，好是懿德。

天监有周，昭假于下。

保兹②天子，生仲山甫。

仲山甫③之德，柔嘉维则。

令仪令色，小心翼翼。

古训是式，威仪是力。
天子是若，明命使赋。

王命仲山甫，式是百辟^④。
缵戎祖考，王躬是保。
出纳^⑤王命，王之喉舌。
赋政于外，四方爰发。

肃肃王命，仲山甫将之。
邦国若否，仲山甫明之。
既明且哲，以保其身。
夙夜匪解，以事一人。

人亦有言：柔则茹之，
刚则吐之。维仲山甫，
柔亦不茹，刚亦不吐；
不侮矜寡，不畏强御。

人亦有言：德辖如毛^⑥，
民鲜克举之。我仪图之，
维仲山甫举之，爱莫助之。
衮职^⑦有阙，维仲山甫补之。

仲山甫出祖^⑧，四牡业业，
征夫捷捷^⑨，每怀靡及。
四牡彭彭，八鸾锵锵，
王命仲山甫，城彼东方^⑩。

四牡骙骙，八鸾喈喈。
仲山甫徂齐，式遄其归^⑪。

吉甫⑫作诵，穆如清风。

仲山甫永怀，以慰其心。

【注释】

①"天生"四句：烝，众；物，事；则，法；彝，常；懿，美。

②"保兹"二句：言自天保之，自天生之。天欲保其天子之位，为生贤佐仲山甫。

③"仲山甫"八句：仲山甫，天子之二伯；柔，安；嘉，美；翼翼，恭敬貌；古，故；训，道；故训，先王之遗典；力，勤，是句为勤威仪者，恪居官次，不解于位；若，顺；赋，布；

④式是百辟：为天下诸侯作范式。

⑤"出纳"二句：喉舌，谓家宰。出王命者，王口所自言，承而施之。

⑥"德辖如毛"六句：如毛，言微；仪，宜；爱，隐。

⑦"衮职"二句：衮职，或作绲织；补之，谓补衮衣之阙；衮，君之上服；补衮，喻仲山甫善补君过。

⑧出祖：祖，行祭。

⑨捷捷：勇疾貌。

⑩城彼东方：东方，齐。古者诸侯之居逼隘，则王者迁其邑而定其居，盖去薄姑而迁于临淄。

⑪式遄其归：遄，疾。言周之望仲山甫，欲其急归。

⑫"吉甫"四句：穆如，谓深长。清风，清微之风，化养万物者；此美仲山甫之德，及其政教之功，所以隐括作颂之义。永，长；怀，思；慰，安。

常　　武

赫赫明明①，王命卿士，

南仲大祖，大师皇父②，

整我六师，以修我戎。

既敬既戒，惠此南国③。

王谓尹氏，命程伯休父，

左右陈行，戒我师旅。

率彼淮浦，省此徐土④。

不留不处，三事就绪。

赫赫业业，有严天子。

王舒保作，匪绍匪游⑤。

徐方绎骚，震惊徐方，

如雷如霆，徐方震惊⑥。

王奋厥武，如震如怒。

进厥虎臣，阚如虓虎⑦。

铺敦淮濆⑧，仍执丑虏。

截⑨彼淮浦，王师之所。

王旅啴啴⑩，如飞如翰⑪，

如江如汉，如山之苞，

如川之流，绵绵翼翼⑫，

不测不克⑬，濯征徐国。

王犹允塞，徐方既来⑭。

徐方既同，天子之功。

四方既平，徐方来庭⑮。

徐方不回，王曰还归。

【注释】

①赫赫明明：赫赫，显盛貌；明明，明察貌。谓宣王中兴之盛，有知人之明察。

②"王命"三句：卿士，西周高级官员；南仲，人名，周宣王大臣；大祖，即太祖，指太祖庙。

③"整我"四句：我，宣王自称；六师，六军；戎，兵器。言整治六军，以除淮夷之乱，而加惠南方之国。

④"王谓"六句：尹氏，为掌命卿士之官；程伯，封于程地（今陕西咸阳东）的伯爵；休父，程伯之名；淮浦，淮水河边；省，巡视；徐，国名，故城在今安徽泗县北。

⑤"赫赫"四句：业业，举止有威仪貌；有严，威严貌；舒，徐缓；保，安泰。

⑥"徐方"四句：绎，阵；骚，动。言王师至徐，未战而徐方之军阵已骚动，王师更震惊之以雷霆之畏，而徐方遂不胜其震惊。

⑦阚如，阚然，虎怒貌；虓，虎叫声。进其虎臣之将，阚然如虎之怒。

⑧铺敦淮溃：铺，通"搏"，搏击；敦，迫近；溃，大堤。

⑨截：截然，整齐而治。

⑩啴啴：众盛貌。

⑪如飞如翰：其行疾如鸟之飞；翰，鸟中之豪俊，其飞尤疾。

⑫翼翼：繁盛貌。

⑬不测不克：克，当作刻。言不可测度，不可识知。

⑭"王犹"二句：犹，同"猷"，谋划；允，信，确实；塞，踏实。

⑮来庭：来朝王庭。

閟　宫

閟宫有侐，实实枚枚①。

赫赫姜嫄，其德不回，上帝是依。

无灾无害，弥月不迟。

是生后稷，降之百福。

黍稷重穋，稙稚菽麦，

奄有下国②，俾民稼穑。

有稷有黍，有稻有秬。

奄有下土，缵禹之绪。

后稷之孙，实维大王。

居岐之阳，实始翦商。

至于文武，缵大王之绪。

致天之届③，于牧之野。

无贰无虞④，上帝临女。

敦商之旅，克咸厥功⑤。

王曰叔父，建尔元子，

俾侯于鲁；大启尔宇，为周室辅⑥。

乃命鲁公，俾侯于东。

锡之山川，土田附庸。

周公之孙，庄公之子⑦。

龙旂承祀，六辔耳耳。

春秋匪解，享祀不忒。

皇皇后帝，皇祖后稷⑧。

享以骍牺⑨，是飨是宜。

降福既多，周公皇祖，亦其福女。

秋而载尝，夏而福衡。

白牡骍刚，牺尊将将。

毛炰胾羹，笾豆大房。

万舞洋洋⑩，孝孙有庆⑪。

俾尔炽而昌，俾尔寿而臧。

保彼东方，鲁邦是常。

不亏不崩，不震不腾。

三寿作朋，如冈如陵⑫。

公车千乘，朱英绿縢。

二矛重弓⑬，公徒三万。

贝胄朱綅⑭，烝徒增增。

戎狄是膺，荆舒是惩，则莫我敢承[15]。

俾尔昌而炽，俾尔寿而富。

黄发台背，寿胥与试[16]。

俾尔昌而大，俾尔耆而艾。

万有千岁，眉寿无有害。

泰山岩岩，鲁邦所詹。

奄有龟蒙，遂荒大东[17]。

至于海邦，淮夷来同。

莫不率从，鲁侯之功。

保有凫绎[18]，遂荒徐宅。

至于海邦，淮夷蛮貊[19]。

及彼南夷，莫不率从。

莫敢不诺，鲁侯是若。

天赐公纯嘏[20]，眉寿保鲁。

居常与许[21]，复周公之宇。

鲁侯燕喜，令妻寿母。

宜大夫庶士，邦国是有。

既多受祉，黄发儿齿。

徂来[22]之松，新甫之柏。

是断是度，是寻是尺。

松桷有舄，路寝孔硕。

新庙奕奕。奚斯[23]所作。

孔曼且硕，万民是若。

【注释】

①"闷宫"二句：闷宫，神庙，此指后稷母亲姜嫄之庙；佖，清净貌；实

实，广大貌；枚枚，细密貌。

②"稙稚"二句：先种之谷物曰稙，后种之谷物曰稚；奄有下国，谓封于邰。

③致天之届：届，诛罚。言完成天之诛罚。

④无贰无虞：无贰，言无敢有二心；无虞，言无敢有顾虑。

⑤"敦商"二句：敦，攻击；旅，军队；咸，完成。

⑥"王曰"五句：王，周成王；叔父，谓周公；元子，长子，谓鲁公伯禽；宇，居，引申为疆土。

⑦"周公"二句：周公之孙，庄公之子，谓鲁僖公。

⑧"皇皇"二句：皇皇，光明貌；后帝，谓天帝。成王命鲁公世世祭祀周公以天子之礼乐，祀帝于郊，配以后稷。

⑨享以骍牺：骍，赤色；牺，祭神的牲口。其牲用赤牛纯色，与天子同。

⑩"秋而"七句：载，始；尝，秋祭；福衡，即牛栅栏；白牡，白色公牛；骍刚，赤色公牛；牺尊，状似卧牛的铜质酒器；将将，器物触撞声；毛炰，带毛烧熟的猪，胾，切肉；羹，大羹；大房，半体之俎；洋洋，众多貌。

⑪孝孙有庆：孝孙，谓僖公。

⑫三寿：三等长寿者，上寿一百二十岁，中寿百岁，下寿八十岁。

⑬"公车"三句：大国之赋千乘；朱英，古代兵器上的红色羽饰；縢，绳；二矛重弓，以备折坏。

⑭贝胄朱缀：贝胄，饰有贝壳的头盔；朱缀，红线，用以串贝壳。

⑮"烝徒"四句：烝，众；增增，层层；膺，击；承，抵挡。谓僖公与齐桓举义兵，北当戎与狄，南艾荆及群舒，天下无敢御之。

⑯"黄发"二句：黄发台背，指年老；胥，相；试，比。

⑰"泰山"四句：岩岩，高峻貌；詹，当为瞻，仰望；奄有，尽有；龟，龟山，在今山东新泰市西南；蒙，蒙山，在今山东蒙阴县南；荒，有；大东，远东，指鲁国东面之境。

⑱凫绎：凫，凫山，在今山东邹县西南；绎，绎山，在今山东邹县东南。

⑲蛮貊：南方部族曰蛮，北方部族曰貊。

⑳纯嘏：纯，大；嘏，通"祜"，福。

㉑居常与许：常，地名，位于鲁国南境；许，地名，位于鲁国西境。

㉒徂来：亦作徂徕，山名，在今山东泰安县东南。

⑳奚斯：亦名公子鱼，鲁国大夫。

长 发

濬哲①维商，长发其祥。

洪水芒芒，禹敷下土方，

外大国是疆。幅陨既长②，

有娀③方将，帝立子生商。

玄王④桓拨⑤，受小国是达⑥，受大国是达。

率履不越，遂视既发。

相土烈烈，海外有截⑦。

帝命⑧不违，至于汤齐。

汤降⑨不迟，圣敬日跻。

昭假迟迟，上帝是祗。帝命式于九围。

受小球⑩大球，为下国缀旒，何天下休。

不竞不绿，不刚不柔，

敷政优优，百禄是遒。

受小共⑪大共，为下国骏厖，何天之龙。

敷奏其勇，不震不动，不戁不竦，百禄是总。

武王载旆，有虔⑫秉钺，

如火烈烈，则莫我敢曷。

苞有三蘖，莫遂莫达⑬，九有有截。

韦顾既伐，昆吾夏桀。

昔在中叶，有震且为业⑭。

允也天子，降予卿士。

实维阿衡，实左右商王⑮。

【注释】

①"濬哲"四句：濬，借为睿；睿哲，明智；芒芒，同"茫茫"；敷，治理；方，四方。

②"外大国"二句：外大国，夏朝统治以外的地域；幅陨，即幅员，疆域。

③有娀：上古国名，地在今山西运城蒲州镇。

④玄王：对契之尊称。

⑤桓拨：桓，威武；拨，明。犹言英明。

⑥达：通，指契能通行教令于民。

⑦"相土"二句：相土，契的孙子；烈烈，威武貌；有截，即截截，整齐貌。

⑧帝命：帝，天帝。

⑨降：出生。

⑩球：借为法，法制。

⑪共：通拱，法度。

⑫有虔：即虔虔，强武貌。

⑬"苞有"二句：苞，树的根茎，喻指夏桀；三蘖，喻指韦、顾、昆吾三国，皆为夏之盟国；蘖，旁生之枝。

⑭"昔在"二句：中叶，中世，指汤时代；有震，震震，威武貌；业，大。

⑮"允也"四句：允，诚然；天子，指汤；卿士，执政官；阿衡，伊尹之号；左右，通"佐佑"，辅佐。

绵　　绵

绵绵瓜瓞①，民之初生。

自土沮漆②，古公亶父③。

陶复陶穴④，未有家室。

古公亶父，来朝走马⑤。

率西水浒⑥，至于岐下。
爰及姜女⑦，聿来胥宇⑧。

周原⑨膴膴⑩，堇荼⑪如饴。
爰始爰谋，爰契我龟⑫。
曰止曰时，筑室于兹。

乃慰乃止，乃左乃右。
乃疆乃理⑬，乃宣⑭乃亩⑮。
自西徂东，周爰执事⑯。

乃召司空，乃召司徒。
俾立室家，其绳则直⑰。
缩版⑱以载，作庙翼翼。

捄⑲之陾陾⑳，度㉑之薨薨㉒。
筑之登登㉓，削屡冯冯㉔。
百堵皆兴，鼛鼓弗胜。

乃立皋门㉕，皋门有伉。
乃立应门，应门将将㉖。
乃立冢土，戎丑攸行㉗。

肆不殄厥愠，亦不陨厥问㉘。
柞棫拔矣，行道兑矣㉙。
混夷駾矣，维其喙矣㉚！

虞芮质厥成，文王蹶厥生㉛。
予曰有疏附，予曰有先后，
予曰有奔奏，予曰有御侮㉜。

【注释】

①绵绵瓜瓞：绵绵，连绵不绝貌；瓞，小瓜。瓜生皆由小以至大，始虽为瓞，继渐成瓜，瓜成又复生瓞，此所谓绵绵不绝。

②自土沮漆：自，从；土，地；沮、漆，二水名，在陕西旬邑县西。

③古公亶父：古公，号；亶父，名。王季的父亲，文王的祖父，后追称太王。

④陶复陶穴：陶，通"掏"，掏其土而覆之于地上，为地室；穴，地洞。

⑤来朝走马：某日开始驰马，避狄人之难，自豳至于岐山之下。

⑥率西水浒：率，循；浒，水边。

⑦姜女：姜姓之女，太王妃太姜。

⑧胥宇：胥，观察；宇，居处。

⑨周原：周，地名，在岐山之南；原，广平。

⑩膴膴：肥美貌。

⑪堇荼：堇、荼，皆苦菜。

⑫契、龟：契，刻；龟，龟甲。

⑬乃理：分土地。

⑭乃宣：导沟洫。

⑮乃亩：测度广狭。

⑯"自西"二句：于是从西方往东，人人皆于周执事，竞出力。

⑰其绳则直：营其广轮方制之正，不失绳直之宜。

⑱缩版：直版。

⑲捄：盛土于筐。

⑳陾陾：装土声。

㉑度：投，投土于版中。

㉒薨薨：填土声。

㉓登登：捣土声。

㉔削屡冯冯：屡，古作娄，隆起。削屡，谓削治墙隆突处使平，其声冯冯然。

㉕皋门：王之郭门曰皋门。

㉖将将：严正堂皇貌。

㉗"乃立"二句：冢土，大社；戎丑，大众。

㉘"肆不"二句：肆，故；殄，断绝，消除；厥，指文王；陨，坠落，失去。

㉙"柞棫"二句：棫、柞均为树名，皆丛生有刺；兑，通行。本无道路，至此柞棫拔去，而下已通行。

㉚"混夷"二句：骃，受惊奔突；喙，疲困。混夷见文王之使、将士众过己国，则惶怖惊走奔突，由此甚困剧。

㉛"虞芮"二句：虞，古国名，辖境在今山西省平陆县东北；芮，古国名，辖境在今山西省芮城县西；质，评断；成，平息。相传虞、芮二国国君争田，去求文王评断，为周人之礼让精神所感动，遂不争。

㉜"予曰"四句：予，我，指文王；率下亲上之臣曰疏附，相道前后之臣曰先后，喻德宣誉之臣曰奔奏，勇武折冲之臣曰御侮，文王得四臣，故能绵绵致兴盛。

《周礼》精华

【著录】

《周礼》又名《周官》，儒家经典之一。汉代初出，因与《尚书·周官篇》名重，改为《周官经》。西汉末列为经而属于礼，故有《周礼》之名。是三礼之首，亦为十三经之一。它搜集了周王朝和各诸侯国的官制及制度，将儒家的政治理想加以增减取舍汇编而成。

《周礼》共分六篇，包括"天官冢宰""地官司徒""春官宗伯""夏官司马""秋官司寇""冬官司空"。其中，"冬官"一篇早已散佚，西汉时补以"考工记"，称为"冬官考工记"。全书共分四十二卷。

关于《周礼》的作者，众说纷纭。基本上可分两大类：第一类认为是周公旦所作，肯定此书的价值，称之为"周公致太平之迹""太平经国之书"。但也有人认为虽为周公所作，但未曾付诸实行或局部为后人添入。第二类认为非周公所作，认为是西汉晚期刘歆校书时，加以整理补充而伪造成书，或与王莽合作窜改，以致对此书的价值持否定态度。还有人认为既不是周公所作，又不是刘歆窜改，而是出于他人之手，作者可能是一人，也可能是许多人。时间为西周初，晚至西汉之末。近代学者根据考古出土文物的周秦青铜器铭文所载官制，参考该书中的政治、经济制度和学术思想，基本上可以断定为战国时代的作品。

《周礼》是记载我国古代设官分职的政典，共记载了王室大小官员377名，并详列各官的职权。而天官冢宰（即大宰或太宰）实总辖之，而以小宰为贰，故六官职掌亦可见于第一篇大宰、小宰二职。大宰所掌六典，小宰所掌六职，除"典"谓政策，"职"指行政外，其内容均相同，为"治、教、礼、政、刑、事"六者。但各官的职责，绝不如此单纯，往往兼管其他事务。如天官不仅管理财政，还管百官人事，兼管宫廷人事；地官不仅主教化，更多的是管理经济活动；春官不仅主祭祀，还掌管贵族子弟的教育；夏官不仅掌管军事，还涉及封疆内政；秋官不仅掌管刑罚，还掌管外交工作。《考工记》则称之为工艺之书。书中保存了不少西周和春秋战国时期的重要史料，如井田制、分封制以及秦汉的五刑、田制、乐舞等。还记载了人民对国家的义务，包括纳税、负担力役、兵役，每家一兵，不仅战时需要打仗，而且每年要进行四次军事演习等。此外，还有农业、工艺、礼俗等方面的史料。

有关《周礼》的注疏，主要有东汉郑玄的《周礼注》、唐贾公彦的《周礼正义》、清孙诒让的《周礼正义》等。

大司马

大司马之职，掌建邦国之九法，以佐王平邦国：制畿封国，以正邦国；设仪辨位，以等邦国；进贤兴功，以作邦国；建牧立监，以维邦国；制军诘禁，以纠邦国；施贡分职，以任邦国；简稽乡民，以用邦国；均守平则，以安邦国；比小事大，以和邦国。以九伐之法正邦国：冯弱犯寡则眚①之，贼贤害民则伐之，暴内陵外则坛②之，野荒民散则削之，负固不服则侵之，贼杀其亲则正之，放弑其君则残之，犯令陵政则杜之③，外内乱，鸟兽行则灭之。

正月之吉，始和，布政于邦国都鄙，乃悬政象之法于象魏④，使万民观政象，挟日⑤而敛之。

乃以九畿之籍，施邦国之政职。方千里曰国畿，其外方五百里曰侯畿，又其外方五百里曰甸畿，又其外方五百里曰男畿，又其外方五百里曰采畿，又其外方五百里曰卫畿，又其外方五百里曰蛮畿，又其外方五百里曰夷畿，又其外方五百里曰镇畿，又其外方五百里曰蕃畿。

凡令赋，以地与民制之。上地食者参之二⑥，其民可用者家三人；中地食者半，其民可用者二家五人；下地食者参之一，其民可用者家二人。

中春，教振旅⑦，司马以旗致民，平列陈，如战之陈。辨鼓铎镯铙之用，王执路鼓⑧，诸侯执贲鼓⑨，军将执晋鼓⑩，师帅执提⑪，旅帅执鼙⑫，卒长执铙，两司马执铎，公司马执镯⑬，以教坐作进退疾徐疏数之节。遂以搜田，有司表貉⑭，誓民。鼓，遂围禁。火弊，献禽以祭社。

中夏，教茇舍⑮，如振旅之陈。群吏撰⑯车徒，读书契，辨号名之用，帅以门名，县鄙各以其名，家以号名，乡以州名，野以邑名。百官各象其事，以辨军之夜事⑰。其他皆如振旅。遂以苗田，如搜之法。车弊，献禽以享礿。

中秋，教治兵，如振旅之陈。辨旗物之用：王载大常⑱，诸侯载旂⑲，军吏载旗，师都载旃⑳，乡遂载物㉑，郊野载旐㉒，百官载旟㉓，各书其事与其号焉。其他皆如振旅。遂以狝田，如搜田之法。罗弊，致禽以祀祊。

中冬，教大阅。前期，群吏戒众庶，修战法。虞人莱所田之野，为表，百步则一，为三表，又五十步为一表。田之日，司马建旗于后表之中，群吏以旗物、鼓铎、镯铙，各帅其民而致。质明，弊旗㉔，诛后至者。乃陈车徒，如战之陈，皆坐。群吏听誓于陈前，斩牲，以左右徇陈，曰："不用命者斩之！"中军以鼙令鼓，鼓人皆三鼓，司马振铎，群吏作旗，车徒皆作。鼓行，鸣镯，车徒皆行，及表乃止。三鼓，摝㉕铎，群吏弊旗，车徒皆坐。又三鼓，振铎作旗，车徒皆作。鼓进，鸣镯，车骤徒趋，及表乃止，坐作如初。乃鼓，车驰徒走，及表乃止。鼓戒三阕，车三发，徒三刺。乃鼓退，鸣铙，且却，及表乃止，坐作如初。遂以狩田，以旌为左右和㉖之门，群吏各帅其车徒，以叙和出。左右陈车徒，有司平之，旗居卒间以分地，前后有屯百步，有司巡其前后。险野人为主，易野车为主。既陈，乃设驱逆之车，有司表貉于陈前。中军以鼙令鼓，鼓人皆三鼓，群司马振铎，车徒皆作。遂鼓行，徒衔枚而进。大兽公之，小兽私之，获者取左耳。及所弊，鼓皆駴㉗，车徒皆噪。徒乃弊，致禽馌㉘兽于郊。入，献禽以享烝。

及师，大合军，以行禁令，以救无辜伐有罪。若大师，则掌其戒令，莅大卜，帅执事莅衅主及军器。及致，建大常，比军众，诛后至者。及战，巡陈，视事而赏罚。若师有功，则左执律，右秉钺，以先恺乐献于社。若师不功，则厌而奉主车。王吊劳士庶子，则相。大役，与虑事，属其植㉙，受其要㉚，以待考而赏诛。大会同，则帅士、庶子而掌其政令。若大射，则合诸侯之六耦㉛。大祭祀、飨食，羞牲鱼，授其祭。大丧，平士大夫。丧祭，奉诏马牲㉜。

【注释】

①眚：撤贬职务。

②坛：指放到空地而废除之，更立其次贤。

③陵政则杜之：谓轻视政法则幽禁之，不得与外人通。

④象魏：阙门，亦名魏阙。

⑤挟日：从甲至甲，指之挟日，凡十日。

⑥上地食者参之二：上地，谓肥美之地，有可种食者三分之二。

⑦振旅：古称师出为治兵，入称振旅，皆习战阵。

⑧路鼓：四面鼓。

⑨贲鼓：大鼓。

⑩晋鼓：主进行用之。

⑪提：谓可提携之鼓。

⑫鼙：骑鼓。

⑬镯：钲。

⑭表貉：立表而貉祭。貉，同"禡"，祭名。

⑮茇舍：指在草中休息。

⑯撰：同"选"。

⑰夜事：指戒守夜之事。

⑱大常：画日月。

⑲旂：旗画交龙。

⑳旃：通帛之旗称旃。

㉑物：杂帛之旗称物。

㉒旐：旗画龟蛇。

㉓旟：旗画鸟隼。

㉔弊旗：仆旗。

㉕撱：掩其上而振之。

㉖和：军门称和。

㉗鼓皆骇：击鼓如疾雷称骇。骇，同"骇"。

㉘馌：饷。

㉙属其植：植，筑城版干；属，谓计丈尺与其用人之数。

㉚受其要：要，簿书。谓执其簿书而备考。

㉛六耦：耦谓偶数。射时相偶待之，其数以六为限。

㉜马牲：以马为牲，盛奠。

职方氏

职方氏掌天下之图，以掌天下之地。辨其邦国、都鄙、四夷、八蛮、七闽、九貉、五戎、六狄①之人民，与其财用、九谷、六畜之数要，周知其利害，乃辨九州之国，使同贯利：东南曰扬州，其山镇曰会稽②，其泽薮曰具区③，其川三江④，其浸五湖⑤，其利金、锡、竹、箭，其民二男五女，其畜宜鸟兽，其谷宜稻。正南曰荆州，其山镇曰衡山⑥，其泽薮曰云梦⑦，其川江、汉⑧，其浸颍、湛⑨，其利丹、银、齿、革，其民一男二女，其畜宜鸟兽，其谷宜稻。河南曰豫州，其山镇曰华山⑩，其泽薮曰圃田⑪，其川荥、洛⑫，其浸波、溠⑬，其利林、漆、丝、枲，其民二男三女，其畜宜六扰⑭，其谷宜五种⑮。正东曰青州，其山镇曰沂山⑯，其泽薮曰望诸⑰，其川淮、泗⑱，其浸沂、沭⑲，其利薄、鱼，其民二男二女，其畜宜鸡、狗，其谷宜稻、麦。河东曰兖州，其山镇曰岱山⑳，其泽薮曰大野㉑，其川河、泲㉔，其浸卢、维㉓，其利蒲、鱼，其民二男三女，其畜宜六扰，其谷宜四种。正西曰雍州，其山镇曰岳山㉔，其泽薮曰弦蒲㉕，其川泾、汭㉖，其浸渭、洛㉗，其利玉石，其民三男二女，其畜宜牛、马，其谷宜黍、稷。东北曰幽州，其山镇曰医无闾㉘，其泽薮曰貕养㉙，其川河、泲，其浸菑、时㉚，其利鱼、盐，其民一男三女，其畜宜四扰，其谷宜三种。河内曰冀州，其山镇曰霍山㉛，其泽薮曰杨纡㉜，其川漳㉝，其浸汾、潞㉞，其利松、柏，其民五男三女，其畜宜牛、羊，其谷宜黍稷。正北曰并州，其山镇曰恒山㉟，其泽薮曰昭余祁㊱，其川滹池、呕夷㊲，其浸涞、易㊳，其利布帛，其民二男三女，其畜宜五扰，其谷宜五种。

乃辨九服之邦国，方千里曰王畿，其外方五百里曰侯服，又其外方五百里曰甸服，又其外方五百里曰男服，又其外方五百里曰采服，又其外方五百里曰卫服，又其外方五百里曰蛮服，又其外方五百里曰夷服，又其外方五百里曰镇服，又其外方五百里曰藩服。

凡邦国千里，封公以方五百里则四公，方四百里则六侯，方三百里则七伯，方二百里则二十五子，方百里则百男，以周知天下。凡邦国，小大相维。王设其牧，制其职，各以其所能；制其贡，各以其所有。王将巡狩，则戒于四方，曰："各修平乃守，考乃职事，无敢不敬戒，国有大刑！"及王之所行，先道，帅其属而巡戒令。王殷国亦如之。

【注释】

①夷、蛮、貉、戎、狄：东方称夷，南方称蛮，西方称戎，北方称貉、狄。

②会稽：今浙江绍兴市。

③具区：太湖。

④三江：长江、浙江、吴江称三江。

⑤五湖：鉴湖、洮湖、射湖、贵湖、太湖为五湖。

⑥衡山：即南岳，今湖南衡山。

⑦云梦：泽名，位于今湖北安陆市南。

⑧江、汉：江水，自归州流至鄂州，长干四百余里；汉水，自均州流至汉阳，长干四百余里。

⑨颍、湛：二水名，颍水出阳城；湛水出宝丰县。

⑩华山：两岳，今陕西华阴市。

⑪圃田：泽名，今河南中牟县西。

⑫荥、洛：二水名，荥在河南开封府，洛在陕西西安附近。

⑬波、溠：二水名，波水在河南，溠水属荆州。

⑭六扰：马、牛、羊、鸡、犬、豕为六扰。

⑮五种：黍、稷、菽、麦、稻为五种。

⑯沂山：山名，位于今山东临朐县南。

⑰望诸：孟诸，位于今河南商丘市。

⑱淮、泗：二水名，淮水出今桐柏县，泗水出今泗水县。

⑲沂、沭：二水名，出今山东沂水县。

⑳岱山：泰山。

㉑大野：泽名，位于今山东巨野县。

㉒沛：川名，即济水。

㉓卢、维：二水名，卢水在山东诸城市，维水在山东临沂附近。

㉔岳山：位于今陕西陇县，即吴岳山。

㉕弦蒲：泽名，在今陕西。

㉖泾、讷：二水名，泾出泾阳，讷出豳地。

㉗渭、洛：二水名，渭水出甘肃渭源，洛水出定边县。

㉘医无闾：位于辽宁北镇市。

㉙虖养：水名，在今徐州西。

㉚菑、时：二水名，菑水出山东莱芜市，时水出山东淄博市。

㉛霍山：位于今山西平阳县。

㉜杨纡：水名，古属扶风。

㉝漳：水名，出山西平定县。

㉞汾、潞：二水名，汾水出山西汾阳，潞水出归德县。

㉟恒山：古山名，位于今山西北部。

㊱昭余祁：位于山西介休市。

㊲呕夷：位于今大同西北。

㊳涞、易：二水名，皆位于河北西部。

轮　人

　　轮人为轮。斩三材①，必以其时。三材既具，巧者和②之。毂也者，以为利转也③。辐也者，以为直指也④。牙也者，以为固抱也。轮敝，三材不失职，谓之完。望而视其轮，欲其幎尔而下迤也。进而视之，欲其微至也。无所取之，取诸圜也。望其辐，欲其掣尔而纤⑤也。进而视之，欲其肉称⑥也。无所取之，取诸易直也。望其毂，欲其眼⑦也。进而视之，欲其帱⑧之廉⑨也。无所取之，取诸急也。视其绠⑩，欲其蚤⑪之正也。察其菑蚤不齵，则轮⑫虽敝不匡。

　　凡斩毂之道，必矩⑬其阴阳。阳也者，积理而坚。阴也者，疏理而柔。是故以火养其阴⑭，而齐诸其阳⑮，则毂虽敝不蒙⑯。毂小而长则柞⑰，大而短则挚⑱。是故六分其轮崇，以其一为之牙围⑲；参分其牙围⑳而漆其二。椁其漆内而中诎之，以为之毂长。以其长为之围㉑，以其围之㉒为捎其薮。

五分其毂之长，去一以为贤，去三以为轵㉓。容㉔毂必直，陈篆㉕必正，施胶必厚，施筋必数㉖，帱必负干㉗。既摩，革色青白，谓之毂之善㉘。参分其毂长，二在外，一在内，以置其辐㉙。

凡辐，量其凿深，以为辐广㉚。辐广而凿浅，则是以大抏㉛，虽有良工，莫之能固。凿深而辐小，则是固有余㉜而强不足㉝也。故竑其辐广以为之弱㉞，则虽有重任，毂不折。参分其辐之长而杀㉟其一，则虽有深泥，亦弗之溓㊱也。参分其股㊲围，去一以为骹围。揉辐必齐㊳，平沉必均㊴。直以指牙，牙得㊵则无槷而固，不得㊶则有槷必足见也。

六尺有六寸之轮，绠参㊷分寸之二，谓之轮之固。凡为轮，行泽者欲杼㊸，行山者欲侔㊹。杼以行泽，则是刀以割涂也，是故涂不附㊺。侔以行山，则是抟㊻以行石也，是故轮虽敝，不甐于凿。

凡揉牙，外不廉㊼而内不挫㊽、旁不肿㊾，谓之用火之善。是故规之，以视其圜也㊿；萬之，以视其匡也；县之，以视其辐之直也(51)；水之，以视其平沉之均也(52)；量其薮以黍，以视其同也(53)；权之，以视其轻重之侔也(54)。故可规、可萬、可水、可县、可量、可权也，谓之国工(55)。

轮人为盖(56)，达常(57)围三寸(58)。桯围倍之，六寸(59)。信(60)其桯围以为部(61)广，部广六寸，部长二尺。桯长倍之，四尺者二。十分(62)寸之一，谓之枚。部尊一枚(63)。弓(64)凿广四枚，凿上二枚，凿下四枚。凿深(65)二寸有半，下直二枚(66)，凿端(67)一枚。弓长六尺谓之庇(68)轵(69)，五尺谓之庇轮，四尺谓之庇轸(70)。参分(71)弓长，而揉其一。参分(72)其股围，去一以为蚤围。参分(73)弓长，以其一为之尊。上(74)欲尊而宇(75)欲卑。上尊而宇卑，则吐水疾而溜(76)远。盖已崇，则难为门也；盖已卑，是蔽目也，是故盖崇十尺。良盖弗冒弗纮，殷亩而驰，不队(77)，谓之国工。

【注释】

①三材：即毂、辐、牙。

②和：调。

③“毂也者”二句：中虚而容轴，以便于运转为职。

④“辐也者”二句：便实轮而凑毂，以直于上指为职。

⑤掣、纤：细小貌。

⑥肉称：肉，美满。

⑦眼：突出貌。

⑧帱：幔毂之革。

⑨廉：利便不碍。

⑩綆：轮外两边，有一重护牙者称綆。

⑪蚤：辐之一头纤者入牙，称之蚤。

⑫"则轮虽敝"句：轮虽敝而辐不斜枉，无待于匡正。

⑬榘：指刻识之。此称斩毂之时，先就树刻之，记识其向日为阳，背日为阴之处。

⑭火养其阴：加热使其坚硬。

⑮齐诸其阳：坚与阳齐等。

⑯蔽：当作耗，暴越貌。

⑰柞：同"窄"，指辐间柞狭。

⑱掣：同"𡎖"。指车行危𡎖不安。

⑲"是故六分"二句：六尺六寸之轮，牙围尺一寸。

⑳"参分其牙围"句：参与三通。漆者七寸三分寸之一，不漆者三寸三分寸之二，不漆其践地者。

㉑"椁其漆内"三句：六尺六寸之轮，漆内六尺四寸中屈之为三尺二寸，以为毂周之长，则径一尺三分寸之二。椁者，度两漆之内相距之尺寸。

㉒"以其围之"句：捎，除；防，三分之一；薮，众辐之所趋。

㉓"去一以为"二句：贤，大穿；轵，小穿；此大穿径八寸十五分寸之八，小穿径四寸十五分寸之四。

㉔容：同颂，治毂为之形容。

㉕篆：毂约。

㉖数：屡次。

㉗帱必负干：革毂相应，无赢不足。

㉘"既摩"三句：谓九漆之，干而以石摩平之，革色青白则善。

㉙"参分其毂"四句：毂长三尺二寸者，令辐广三寸半，则辐内九寸半，辐外一尺九寸。

㉚"量其凿深"二句：广深相应，则固足相任。

㉛杌：摇动貌。

㉜固有余：由毂太凿深故。

㉝强不足：由辐小故。

㉞弱：菑，辐之入毂处。

㉟杀：衰小之。

㊱溓：谓泥不粘着辐。

㊲股：辐近毂粗处，喻其丰。

㊳揉辐必齐：揉谓以火槁之，众辐之直齐如一。

㊴平沉必均：谓浮之水上，无轻重。

㊵“牙得”句：牙得者，谓蚤牙相称，齐密而无罅缝，故能无綦而固。

㊶“不得”句：按足即蚤。不得，谓蚤不直以指牙，则蚤牙相入处，缝不齐密，蚤必外露而见。有綦者，反言以见无綦之固。

㊷“绠参分寸”句：凿牙之时，其孔向外侵三分寸之二，使辐股外掉。

㊸杼：谓削薄其践地者。

㊹侔：上下相等。

㊺附：附着。

㊻抟：圆厚。

㊼廉：绝。

㊽挫：折。

㊾肿：臃。

(50)“规之”二句：谓轮成以绳规之，中规则不枉。

(51)“县之”二句：轮辐三十，上下相直，从旁以绳悬之，中绳则凿正辐直。

(52)“水之”二句：两轮俱置水中，观视四畔入水均否，若平深均，则斫材均矣。

(53)“量其”两句：谓两轮俱用黍量，视其容量同否，齐同则无赢，亦无不足。

(54)“权之”二句：轮有轻重，则引之有难易。

(55)国工：国之名工。

(56)盖：谓车上可以御雨而蔽日。

(57)达常：盖斗柄下以入杠中。

(58)围三寸：径一寸。

(59)六寸：围六寸，径二寸，足以含连。

(60)信：古之申字。

(61)部：盖之斗，于上部高隆穹然。

(62)“十分”二句：为下起数，枚一分。

(63)部尊一枚：尊，高。盖斗上隆高，高一分。

(64)弓：盖橑。

(65)“凿深”句：凿深对为五寸，是以不伤大常。

(66)下直二枚：直，正。

(67)端：内题。

(68)庇：覆干。

(69)轵：辐之一头牡者入毂，谓之轵。

(70)轸：车后横木之专名。

(71)“参分弓长”句：参分之，持长挠短，短者近部而平。长者为宇曲。六尺之弓，近部二尺，四尺为宇曲。

(72)“参分其股”二句：蚤，当为爪。以弓凿之，广为股围，则寸六分，爪围一寸十五分寸之一。

(73)“参分弓长”二句：尊，高。六尺之弓，上近部平者二尺，爪末下于部下二尺，二尺为勾，四尺为弦，求其股，以十二除之，而三尺几半矣。

(74)上：近部平者。

(75)宇：秐下曰宇。

(76)緫：水流。

(77)队：同“坠”，落。

梓　人

梓人为笋虡[①]。天下之大兽五：脂者、膏者[②]、蠃者[③]、羽者、鳞者。宗庙之事，脂者、膏者以为牲，蠃者、羽者、鳞者以为笋虡。

外骨、内骨，却行、仄行[④]、连行[⑤]、纡行[⑥]，以脰鸣[⑦]者，以注鸣[⑧]者，以旁鸣者，以翼鸣者，以股鸣者，以胸鸣者，谓之小虫之属，以为雕琢。

厚唇，弇口；出目，短耳；大胸，燿后；大体，短脰；若是者谓之蠃属，恒有力而不能走，其声大而宏。有力而不能走，则于任重宜；大声而宏，则于钟宜。若是者以为钟虡⑨，是故击其所县，而由其虡鸣。

锐喙，决吻；数目顾脰；小体，骞腹；若是者谓之羽属，恒无力而轻，其声清扬而远闻。无力而轻，则于任轻宜；其声清扬而远闻，则于磬宜。若是者以为磬虡，故击其所县，而由其虡鸣。

小首而长，抟身而鸿，若是者谓之鳞属，以为笋。

凡攫杀、援噬⑩之类，必深其爪，出其目，作其鳞之而。深其爪，出其目，作其鳞之而，则于视必拨尔而怒。苟拨尔而怒，则于任重宜，且其匪色必似鸣矣。爪不深，目不出，鳞之而不作，则必颓尔如委矣。苟颓尔如委，则加任焉，则必如将废措，其匪色必似不鸣矣。

梓人为饮器。勺一升，爵一升，觚三升。献以爵而酬以觚。一献而三酬，则一豆⑪矣。食一豆肉，饮一豆酒，中人之食也。凡试梓，饮器，乡衡而实不尽⑫，梓师罪之。

梓人为侯⑬。广与崇方⑭，参分其广，而鹄⑮居一焉。上两个与其身三，下两个半之⑯。上纲与下纲出舌寻⑰，缎⑱寸焉。张皮侯而栖鹄，则春以功⑲。张五采之侯，则远国属⑳。张兽侯，则王以息燕㉑。祭侯之礼，以酒、脯、醢㉒。其辞曰："惟若宁侯。毋或若女不宁侯，不属㉓于王所，故抗而射女。强饮强食，诒女曾孙诸侯百福。"

【注释】

①笋虡：乐器所悬，横曰笋，植曰虡，谓钟磬。

②臝者：豕属。

③裸者：虎豹之属。

④仄行：蟹属。

⑤连行：鱼属。

⑥纡行：蛇属。

⑦脰鸣：蛙黾属。

⑧注鸣：精列属。

⑨钟簌：谓其声若出于悬钟。

⑩攫杀、援噬：谓爪牙突兀，可畏之兽。

⑪豆：当为斗。

⑫乡衡而实不尽：衡，平。意谓平爵向口饮酒不尽，是饮器太深，则罪于梓人。

⑬侯：中也，为天子射礼之目标。

⑭崇方：崇，高；方，相等。

⑮鹄：所射之目的。

⑯"上两"二句：意谓目标之四面，均张以极大之布与网。

⑰舌寻：谓上下皆出舌。寻，张手之节。

⑱箍：所以持网而系于侯。

⑲"张皮侯"二句：皮侯，以皮饰之侯；鹄缀于中央，似鹄之栖，故云。功，事；春，春官；谓天子将祭而射，以习礼乐之事。于是春官有事矣，故曰春以功。

⑳远国属：谓远近诸侯均来相朝，而特举射礼。

㉑息燕：谓乡饮酒礼乃息。

㉒脯、醢：谓执俎祭侯。

㉓属：犹朝会。

弓　人

弓人为弓，取六材必以其时。六材既聚，巧者和之。干也者，以为远也。角也者，以为疾也。筋也者，以为深也。胶也者，以为和也。丝也者，以为固也。漆也者，以为受霜露也。

凡取干之道七：柘为上，檍次之，檿桑次之，橘次之，木瓜次之，荆次之，竹为下。凡相干，欲赤黑而阳声，赤黑则向心，阳声则远根。凡析干，射远者用埶①，射深者用直。居干之道，菑栗不迆②，则弓不发。

凡相角，秋杀者厚，春杀者薄；稚牛之角直而泽，老牛之角紾而昔③。疢疾险中，瘠牛之角无泽。角欲青白而丰末。夫角之本，蹙于削而休于气④，是故柔；柔故欲其埶也。白也者，埶之征也。夫角之中，恒当弓之畏；畏也者，必桡，桡故欲其坚也。青也者，坚之征也。夫角之末，远于削而不休于气，是故脆；脆故欲其柔也。丰末也者，柔之征也。角长二尺有五寸，三色不失理，谓之牛戴牛。

凡相胶，欲朱色而昔。昔也者，深瑕而泽，紾而抟廉⑤。鹿胶青白，马胶赤白，牛胶火赤，鼠胶黑，鱼胶饵，犀胶黄。凡昵之类不能方。

凡相筋，欲小简而长，大结而泽。小简而长，大结而泽，则其为兽必剽；以为弓，则岂异于其兽？筋欲敝之敝⑥。漆欲测，丝欲沉。得此六材之全，然后可以为良。

凡为弓，冬析干，而春液角，夏治筋，秋合三材，寒奠体，冰析灂。冬析干则易，春液角则合，夏治筋则不烦，秋合三材则合，寒奠体则张不流，冰析灂则审环，春被弦则一年之事。析干必伦，析角无邪，斩目必荼⑦。斩目不荼，则及其大修也，筋代之受病。夫目也者必强，强者在内而摩其筋，夫筋之所由幨，恒由此作。故角三液而干再液，厚其帤⑧则木坚，薄其帤则需，是故厚其液而节其帤。约之不皆约，疏数必侔。斩挚必中，胶之必均。斩挚不中，胶之不均，则及其大修也，角代之受病。夫怀胶于内而摩其角，夫角之所由挫，恒由此作。

凡居角，长者以次需。恒角而短，是谓逆桡。引之则纵，释之则不校。恒角而达，辟如终绁，非弓之利也。今夫茭解中有变焉，故校；于挺臂中有柎焉，故剽。恒角而达，引如终绁，非弓之利也。挢干欲孰于火而无赢，挢角欲孰于火而无燂⑨，引筋欲尽而无伤其力，鬻胶欲孰而水火相得，然则居旱亦不动，居湿亦不动。苟有贱工，必因角干之湿以为之柔，善者在外，动者在内。虽善于外，必动于内，虽善亦弗可以为良矣。

凡为弓，方其峻而高其柎⑩，长其畏而薄其敝；宛之无已，应。下柎之弓，末应将兴。为柎而发，必动于𥆨。弓而羽𥆨，末应将发。弓有六材焉，维干强之，张如流水。维体防之，引之中参。维角𢧵之，欲宛而无负弦。引之如环，释之无失体，如环。材美工巧，为之时，谓之参均。角不胜干，干不胜筋，谓之参均。量其力有三均⑪，均者三，谓之九和。九和之弓，角与干权，筋三侔，胶三锊，丝三邸，漆三斞。上工以有余，下工以不足。

为天子之弓，合九而成规。为诸侯之弓，合七而成觌。大夫之弓，合五而成规。士之弓，合三而成规。弓长六尺有六寸，谓之上制，上士服之。弓长六尺有三寸，谓之中制，中士服之。弓长六尺，谓之下制，下士服之。

凡为弓，各因其君之躬，志虑血气⑫。丰肉而短，宽缓以荼⑬，若是者为之危弓，危弓为之安矢。骨直以立，忿埶以奔，若是者为之安弓，安弓为之危矢。其人安，其弓安，其矢安，则莫能以速中，且不深。其人危，其弓危，其矢危，则莫能以愿中。往体多，来体寡，谓之夹臾之属，利射侯与弋。往体寡，来体多，谓之王弓之属，利射革与质。往体、来体若一，谓之唐弓[14]之属，利射深。

大和[15]无灂[16]，其次筋角皆有灂而深，其次有灂而疏，其次角无灂。合灂若背手文。角环灂，牛筋蕡灂，麋筋斥蠖灂。和弓毄摩[17]。覆之而角至，谓之句弓。覆之而干至，谓之侯弓。覆之而筋至，谓之深弓。

【注释】

①势：自然之形势，谓本曲。

②簜粟不地：簜，析，谓以锯析之；粟，裂之假借字地，谓地衺失木之理。

③昔：通"错"，文彩交错。

④癄、剸、休、气：癄，近；剸，通"脑"。

⑤抟廉：抟，圜；廉，棱鄂分明。

⑥敝之敝：谓熟之又熟。

⑦目必茶：目，干之节目；茶，徐。

⑧帤：弓中裨干。

⑨毂：炙烂。

⑩柎：谓把处之左右，将接角限者。

⑪有三均：谓若干胜一石，加角而胜二石，被筋而胜三石。

⑫射志虑血气：谓射之道，各随其人之性情而别。

⑬茶：古舒字。

⑭唐弓：合七而成。

⑮大和：谓九和之弓。

⑯灂：漆痕。

⑰和弓毄摩：谓将用弓必先调之、拂之、摩之。

《礼记》精华

【著录】

　　《礼记》亦为儒经之一。该书据汉代之前较好礼仪论著编辑而成。大概是孔子门徒所记，当时传抄本不一。西汉戴德的选辑本叫《大戴礼记》，今存三十九篇；戴圣的选辑本叫《小戴礼记》，共四十九篇。现在通行的《礼记》即本此。

　　《礼记》中有关丧礼、祭礼的内容，占三分之一，凡此，早已被后世扬弃。内容有解释礼经的，有考证和记载礼仪制度的，还有记录孔门言论和杂事的。是研究我国古代社会情况，如社会民俗、各种礼制以及儒家各派思想学说的重要文献资料。

　　《礼记》主要讲"分"，而"分"是礼的主旨，如君臣上下之分，等级之分，财产与权力等差之分，职务之分，衣食住行器皿用具之分等等。目的是使社会上的每个人各就其位，各奉其事，各尽其职，用来维护社会秩序的等级差别，由此形成儒家所提倡的君君、臣臣、父父、子子、兄兄、弟弟、农农、工工、商商各守其分，安然有序。人民以礼来约束自己，就会心满意足，而不怨天尤人，不谋取代。而在《中庸》《大学》《礼运》《学记》等篇中所表现的"小康大同"政治思想、财经的合理见解等对维护统治秩序，治国安邦等都起到良好的"教化"作用，都是珍贵的传统文化遗产。

　　为《礼记》作注的有：东汉郑玄的《礼记注》、唐孔颖达的《礼记正义》，清朱彬的《礼记训纂》、孙希旦的《礼记集解》等。

既得合葬

孔子既得合葬于防[1]，曰："吾闻之，古也墓而不坟[2]。今丘也，东西南北之人也，不可以弗识[3]也。"于是封之，崇四尺。

孔子先反，门人后。雨甚，至，孔子问焉，曰："尔来何迟也？"曰："防墓崩。"孔子不应。三，孔子泫然流涕，曰："吾闻之，古不修墓。"

【注释】

①孔子既得合葬于防：孔子生三岁而父死，误认殡处为墓。及母卒，问于聊曼父之母，然后得合葬父母于防。

②墓而不坟：墓，茔域；封土为垄曰坟。墓而不坟，殷礼。

③识：通"志"，标识。

世子申生

晋献公将杀其世子申生，公子重耳[1]谓之曰："子盖言子之志于公乎？"世子曰："不可。君安骊姬[2]，是我伤公之心也。"曰："然则盖行乎？"世子曰："不可。君谓我欲弑君也。天下岂有无父之国哉！吾何行如之？"

使人辞于狐突[3]曰："申生有罪，不念伯氏之言[4]也，以至于死。申生不敢爱其死。虽然，吾君老矣，子少[5]，国家多难。伯氏不出[6]而图吾君，伯氏苟出而图吾君，申生受赐而死。"再拜稽首乃卒[7]。是以为恭世子也。

【注释】

①重耳：申生异母弟，后立为文公。

②骊姬：骊戎之女，晋献公之妃，申生之后母。

③狐突：晋大夫，公子重耳之外祖父，世子申生之傅。

④不念伯氏之言：伯氏指狐突，盖其次居长。当献公使申生伐东山皋落氏，狐突见机，曾劝使之出亡。

⑤子少：骊姬之子奚齐。

⑥伯氏不出：申生伐东山皋落氏返，突惧，称疾不出。

⑦乃卒：自经而死。

易　箦

　　曾子寝疾，病。乐正子春①坐于床下，曾元、曾申②坐于足，童子隅坐而执烛。

　　童子曰："华而睆③，大夫之箦④与？"子春曰："止！"曾子闻之，瞿然曰："呼？"曰："华而睆，大夫之箦与？"曾子曰："然！斯季孙之赐也，我未之能易也。元，起易箦！"曾元曰："夫子⑤之病革⑥矣，不可以变。幸而至于旦，请敬易之。"曾子曰："尔之爱我也不如彼。君子之爱人也以德，细人之爱人也以姑息。吾何求哉？吾得正而毙焉，斯已矣。"举扶而易之，反席未安而没。

【注释】

　　①乐正子春：曾子之门人。乐正，姓；子春，其字。

　　②曾元、曾申：皆曾子之子。

　　③华而睆：美好。

　　④箦：席。

　　⑤夫子：古弟子称师之辞。盖曾元不敢显违父命，托为子春之语以劝。

　　⑥革：同"亟"，言病甚。

经部

子夏伤明

　　子夏丧其子而丧其明。曾子吊之，曰："吾闻之也，朋友丧明则哭之。"曾子哭。子夏亦哭，曰："天乎！予之无罪也。"曾子怒，曰："商！女①何无罪也？吾与女事夫子于洙、泗②之间，退而老于西河③之上。使西河之民疑女于夫子④，尔罪一也。丧尔亲，使民未有闻焉，尔罪二也。丧尔子，丧尔明，尔罪三也。而曰尔何无罪与！"子夏投其杖而拜，曰："吾过矣，吾过矣！吾离群而索居，亦已久矣！"

四库全书精华

孔子蚤作

孔子蚤作，负手曳杖，消摇于门，歌曰："泰山其颓乎！梁大其坏乎！哲人①其萎乎！"既歌而入，当户而坐。子贡闻之，曰："泰山其颓，则吾将安仰？梁木其坏，哲人其萎，则吾将安放？夫子殆将病也？"遂趋而入。夫子曰："赐！尔来何迟也？夏后氏②殡于东阶之上，则犹在阼③也。殷人殡于两楹之间，则与宾主夹之④也。周人殡于西阶之上，则犹宾之也。而丘也，殷人也。予畴昔之夜，梦坐奠于两楹之间。夫明王不兴，而天下其孰能宗予？予殆将死也。"盖寝疾七日而没。

【注释】

①哲人：贤人。

②夏后氏：禹受舜禅，称夏后氏。

③阼：东阶，古者主人进出皆由之。

④宾主夹之：宾由西阶，主由东阶。今在两楹间，故谓宾主夹之。

有子问丧

有子问于曾子曰："闻丧①于夫子乎？"曰："闻之矣。丧欲速贫，死欲速朽。"有子曰："是非君子之言也。"曾子曰："参也闻诸夫子也。"有子又曰："是非君子之言也。"曾子曰："参也与子游闻之。"有子曰："然。然则夫子有为言之也。"

曾子以斯言告于子游。子游曰："甚哉，有子之言似夫子也！昔者夫子居于宋，见桓司马②自为石椁③，三年而不成。夫子曰'若是其靡也，死不如速朽之愈也。’死之欲速朽，为桓司马言之也。南宫敬叔^④反，必载宝而朝。夫子曰：‘若是其货也，丧不如速贫之愈也。’丧之欲速贫，为敬叔言之也。”

曾子以子游之言告于有子。有子曰：“然。吾固曰非夫子之言也。”曾子曰：“子何以知之？”有子曰：“夫子制于中都^⑤，四寸之棺，五寸之椁，以斯知不欲速朽也。昔者夫子失鲁司寇，将之荆^⑥，盖先之以子夏，又申之以冉有，以斯知不欲速贫也。”

【注释】

①丧：谓失位去国。

②桓司马：宋向魋，出于桓公，故又称桓氏。

③椁：外棺。

④南宫敬叔：鲁孟僖子之子仲孙阅。尝失位去鲁，后得返，载宝而朝，欲行赂以求复位。

⑤中都：鲁邑名。定公九年，孔子为鲁中都宰。

⑥荆：楚。

秦穆公吊重耳

晋献公之丧，秦穆公使人吊公子重耳，且曰：“寡人闻之：‘亡国恒于斯，得国恒于斯。’虽吾子俨然在忧服之中，丧亦不可久也，时亦不可失也，孺子其图之！”以告舅犯^①。舅犯曰：“孺子其辞焉。丧人无宝，仁亲以为宝。父死之谓何？又因以为利，而天下其孰能说之？孺子其辞焉。”公子重耳对客曰：“君惠吊亡臣^②重耳，身丧父死，不得与于哭泣之哀，以为君忧。父死之谓何？或敢有他志，以辱君义。”稽颡^③而不拜，哭而起，起而不私。

子显以致命于穆公。穆公曰：“仁夫公子重耳！夫稽颡而不拜，则未为后也，故不成拜。哭而起，则爱父也。起而不私，则远利也。”

【注释】

①舅犯：狐偃，晋文公之舅，字子犯，故称舅犯。

四库全书精华

经部

②亡臣：献公杀世子申生时，重耳避难在翟。

③稽颡：居丧时拜宾客之礼。

杜蒉

知悼子①卒，未葬。平公饮酒，师旷、李调侍。鼓钟。杜蒉②自外来，闻钟声，曰："安在？"曰："在寝。"杜蒉入寝，历阶而升，酌曰："旷饮斯！"又酌曰："调饮斯！"又酌，堂上北面坐，饮之。降，趋而出。

平公呼而进之，曰："蒉！曩者尔心或开予，是以不与尔言。尔饮旷，何也？"曰："子卯③不乐。知悼子在堂，斯其为子卯也大矣！旷也，大师也，不以诏，是以饮之也。""尔饮调，何也？"曰："调也，君之亵臣也，为一饮一食，忘君之疾，是以饮之也。""尔饮何也？"曰："蒉也，宰夫也。非刀匕是共，又敢与知防，是以饮之也。"平公曰："寡人亦有过焉，酌而饮寡人。"杜蒉洗而扬觯④。

公谓侍者曰："如我死，则必无废斯爵也。"至于今，既毕献，斯扬觯，谓之杜举。

【注释】

①悼子：晋大夫荀盈。

②杜蒉：或作屠蒯。

③子卯：纣以甲子死，桀以乙卯亡，相承以为不吉之日，国君不举乐。

④觯：酒器，可盛三升。

陈子车死于卫

陈子车①死于卫。其妻与其家大夫谋以殉葬，定②而后陈子亢至，以告曰："夫子疾，莫养于下③，请以殉葬。"子亢曰："以殉葬，非礼也。虽然，则彼疾当养者，孰若妻与宰④？得已，则吾欲已；不得已，则吾欲以二子者之为之也。"于是弗果用。

【注释】

①陈子车：齐大夫，子亢之弟，即孔子弟子子禽。

②定：指已定殉葬之人。

③莫养于下：指家人不得致其养。

④宰：即家大夫。

周　丰

鲁人有周丰也者，哀公执挚①请见之。而曰："不可。"公曰："我其已夫！"使人问焉，曰："有虞氏未施信于民而民信之，夏后氏未施敬于民而民敬之，何施而得斯于民也？"对曰："墟墓之间，未施哀于民而民哀。社稷宗庙之中，未施敬于民而民敬。殷人作誓而民始畔，周人作会而民始疑。苟无礼义、忠信、诚悫之心以莅之，虽固结之，民其不解乎？"

【注释】

①挚：执物以为相见之礼。

乡饮酒义

乡饮酒之义：主人拜迎宾于庠门之外，入，三揖而后至阶，三让而后升，所以致尊让也。盥洗扬觯，所以致洁也。拜至，拜洗，拜受，拜送，拜既，所以致敬也。尊让、洁、敬也者，君子之所以相接也。君子尊让则不争，洁、敬则不慢。不慢不争，则远于斗辨矣。不斗辨，则无暴乱之祸矣。斯君子之所以免于人祸也，故圣人制之以道。

乡人、士、君子尊于房户之间，宾主共之也。尊有玄酒，贵其质也。羞出自东房①，主人共之也。洗当东荣②，主人之所以自洁，而以事宾也。

宾主，象天地也。介僎③，象阴阳也。三宾，象三光④也。让之三也，象月之三日而成魄也。四面之坐，象四时也。

天地严凝之气，始于西南，而盛于西北，此天地之尊严气也，此天地之义气也。天地温厚之气，始于东北，而盛于东南，此天地之盛德气也，此天地之仁气也。

主人者尊宾，故坐宾于西北，而坐介于西南以辅宾。宾者，接人以仁、以义者也，故坐于西北。主人者，接人以仁、以德厚者也，故坐于东南；而坐僎于东北，以辅主人也。

仁义接，宾主有事，俎豆有数，曰圣。圣立而将之以敬，曰礼。礼以体长幼，曰德。德也者，得于身也。故曰：古之学术道者，将以得身也，是故圣人务焉。

祭荐，祭酒，敬礼也。啐肺⑤，尝礼也。啐酒⑥，成礼也。于席末，言是席之正，非专为饮食也，为行礼也。此所以贵礼而贱财也。卒觯⑦，致实于西阶上，言是席之上，非专为饮食也，此先礼而后财之义也。先礼而后财，则民作敬让而不争矣。

乡饮酒之礼：六十者坐，五十者立侍，以听致役，所以明尊长也。六十者三豆，七十者四豆，八十者五豆，九十者六豆，所以明养老也。民知尊长养老，而后乃能入孝弟。民入孝弟，出尊长养老，而后成教。成教而后国可安也。君子之所谓孝者，非家至而日见之也。合诸乡射⑧，教之乡饮酒之礼，而孝弟之行立矣。孔子曰："吾观于乡，而知王道之易易也。"

主人亲速宾及介，而众宾自从之。至于门外，主人拜宾及介，而众宾自入。贵贱之义别矣。

三揖至于阶，三让以宾升，拜至献酬，辞让之节繁。及介，省矣。至于众宾，升受，坐祭，立饮，不酢而降。隆杀之义辨矣。

工⑨入，升歌三终，主人献之。笙入三终，主人献之。间歌三终，合乐三终。工告乐备，遂出。一人扬觯，乃立司正焉。知其能和乐而不流也。

宾酬主人，主人酬介，介酬众宾，少长以齿，终于沃洗⑩者焉。知其能弟长而无遗矣。

降，说屦升坐，差爵无数。饮酒之节，朝不废朝，暮不废夕。宾出，主人拜送，节文终遂焉。知其能安燕而不乱也。

贵贱明，隆杀辨，和乐而不流，弟长而无遗，安燕而不乱，此五行者，足以正身安国矣。彼国安而天下安。故曰："吾观于乡，而知王道之易易也。"

乡饮酒之义：立宾以象天，立主以象地，设介僎以象日月，立三宾以象三光。古之制礼也，经之以天地，纪之以日月，参之以三光，政教之本也。

烹狗于东方，祖阳气之发于东方也。洗之在阼⑪，其水在洗东，祖天地之左海也。尊有玄酒，教民不忘本也。

宾必南向。东方者春，春之为言蠢也，产万物者圣也。南方者夏，夏之为言假也，养之，长之，假之，仁也。西方者秋，秋之为言愁也，愁之以时察，守义者也。北方者冬，冬之为言中也，中者藏也。是以天子之立也，左圣向仁，右义背藏也。

介必东向，介宾主也。主人必居东方。东方者春，春之为言蠢也，产万物者也。主人者造之，产万物者也。

月者，三日则成魄，三月则成时，是以礼有三让⑫，建国必立三卿。三宾者，政教之本，礼之大参也。

【注释】

①羞出自东房：羞，馔。谓主人供于宾。

②洗当东荣：谓主人设筵东屋。荣，屋。

③介僎：闲居宾客之中者曰介；乡之曾仕者，来助主人乐宾曰僎。

④三光：日、月、星光。

⑤哜肺：指祭酒后，取俎上之肺哜齿之。意谓尝主人之礼。

⑥啐酒：指饮主人之酒入口，以成主人之礼。

⑦卒觯：指主人酬宾，宾卒立以据觯。

⑧合诸乡射：谓卿大夫之射，必先行乡饮酒之仪，故云合诸乡射。

⑨工：指乐工。

⑩沃洗：洗盥之事。

⑪阼：阶石。

⑫三让：古宾主以三揖三让为礼。

《左传》精华

经部

【著录】

古代编年体历史著作，儒经之一。原称《左氏春秋》，西汉末称《春秋左氏传》。《左传》是《春秋左氏传》的简称，列为"《春秋》三传"之一。相传为春秋末鲁太史左丘明撰，实则为战国人的集体产物。三十卷，十九万余字。经学者考订约成书于前375年至前351年间。用夏历，按鲁君隐、桓、庄、闵、僖、文、宣、成、襄、昭、定、哀十二公世次记事。编年自隐公元年（前722），止鲁悼公四年（前463）。追叙上溯周宣王二十三年（前805），下及于周贞定王十六年（前453）。取材于诸国史籍、简册、旧文、故志、训、典、语、令等。全书内容包括聘问、会盟、征伐、巡狩、城筑、婚丧、篡弑、族灭、出亡等。在广阔的社会背景下，记录了诸侯、卿大夫、商贾、卜者、刺客、乐师、百工等阶层的活动，深刻地揭示了社会内部的变革及其发展趋向。所记各国政治、军事、外交、文化及其代表人物翔实可靠，于古史传说亦有所记。文字简洁，记人物、事件，生动活泼，堪为中国古代史学、文学巨著。原与《春秋》分别单行。记事多可解释《春秋》，但于纪年方法、时限、内容多有不合，书内解经之文显系后人附入。本书于西汉平帝和东汉光武帝时曾规定为官学课程。东汉贾逵、服虔等曾为作注，均佚。西晋杜预作《春秋经传集解》，始将经传合编，广泛流传。《四部丛刊》《四部备要》均收；1977年上海人民出版社有标点本。1981年中华书局出版杨伯峻撰《春秋左传注》。

齐鲁长勺之战　　庄公十年

十年春，齐师伐我。公将战，曹刿①请见。其乡人曰："肉食②者谋之，又何间焉？"刿曰："肉食者鄙，未能远谋。"乃入见。问："何以战？"公曰："衣食所安，弗敢专也，必以分人。"对曰："小惠未遍，民弗从也。"公曰："牺牲玉帛，弗敢加也，必以信。"对曰："小信未孚③，神弗福也。"公曰："小大之狱，虽不能察，必以情。"对曰："忠之属也，可以一战。战则请从。"

公与之乘，战于长勺。公将鼓之，刿曰："未可。"齐人三鼓，刿曰："可矣。"齐师败绩。公将驰之，刿曰："未可。"下视其辙，登轼而望之，曰："可矣。"遂逐齐师。

既克，公问其故。对曰："夫战，勇气也。一鼓作气，再而衰，三而竭。彼竭我盈，故克之。夫大国难测也，惧有伏焉。吾视其辙乱，望其旗靡④，故逐之。"

【注释】

①曹刿：鲁人，又名曹沫。

②肉食：谓在位有禄能食肉。

③孚：信服。

④靡：偃倒

晋楚城濮之战　　僖公二十七年～二十八年

楚子将围宋，使子文治兵于睽。终朝而毕，不戮一人。子玉复治兵于蒍。终日而毕，鞭七人，贯三人耳①。国老②皆贺子文，子文饮之酒。蒍贾③尚幼，后至，不贺。子文问之。对曰："不知所贺。子之传政于子玉，曰：'以靖国也。'靖诸内而败诸外，所获几何！子玉之败，子之举也。举以败国，将何贺焉？子玉刚而无礼，不可以治民。过三百乘，其不能以入矣。苟入而贺，何后之有？"

冬，楚子及诸侯围宋。宋公孙固如晋告急。先轸④曰："报施救患，取威定霸，于是乎在矣。"狐偃曰："楚始得曹而新昏于卫，若伐曹、卫，楚必救之，则齐、宋免矣。"于是乎搜⑤于被庐⑥，作三军，谋元帅。赵衰曰："郤縠可。臣亟闻其言矣，说礼、乐而敦《诗》、《书》。《诗》、《书》，义之府也；礼、乐，德之则也；德、义，利之本也。《夏书》曰：'赋纳以言，明试以功，车服以庸。'君其试之。"乃使郤縠将中军，郤溱佐之。使狐偃将上军，让于狐毛而佐之。命赵衰为卿，让于栾枝、先轸。使栾枝将下军，先轸佐之。荀林父御戎，魏犨为右。

晋侯始入而教其民。二年，欲用之。子犯曰："民未知义，未安其居。"于是乎出定襄王，入务利民。民怀生矣，将用之。子犯曰："民未知信，未宣其用。"于是乎伐原以示之信。民易资者，不求丰焉，明征其辞。公曰："可矣乎？"子犯曰："民未知礼，未生其共。"于是乎大搜以示之礼，作执秩⑦以正其官。民听不惑，而后用之。出谷戍，释宋围，一战而霸，文之教也。

二十八年春，晋侯将伐曹，假道于卫，卫人弗许。还，自南河济，侵曹，伐卫。正月戊申，取五鹿⑧。二月，晋郤縠卒，原轸将中军，胥臣佐下军，上德也。

晋侯、齐侯盟于敛盂。卫侯请盟，晋人弗许。卫侯欲与楚，国人不欲，故出其君以说于晋。卫侯出居于襄牛。

公子买戍卫。楚人救卫，不克。公惧于晋，杀子丛以说焉。谓楚人曰："不卒戍也⑨。"

晋侯围曹，门焉⑩，多死。曹人尸诸城上。晋侯患之。听舆⑪人之谋，曰"称舍于墓⑫。"师迁焉。曹人凶惧，为其所得者，棺而出之。因其凶也而攻之。三月丙午，入曹。数之以其不用僖负羁，而乘轩者三百人也。且曰："献状。"令无入僖负羁之宫而免其族，报施也。魏犨、颠颉怒曰："劳之不图，报于何有！"爇僖负羁氏。魏犨伤于胸，公欲杀之，而爱其材，使问，且视之。病，将杀之。魏犨束胸见使者，曰："以君之灵，不有宁也。"距跃三百，曲踊三百。乃舍之。杀颠颉以徇于师。立舟之侨以为戎右。

宋人使门尹般如晋师告急。公曰："宋人告急，舍之则绝；告楚不许，我欲战矣，齐、秦未可。若之何？"先轸曰："使宋舍我而赂齐、秦，借之告楚。我执曹君，而分曹、卫之田，以赐宋人。楚爱曹、卫，必不许也。

喜赂怒顽，能无战乎？"公说，执曹伯，分曹、卫之田，以畀宋人。

楚子入居于申，使申叔去谷，使子玉去宋，曰："无从晋师。晋侯在外，十九年矣，而果得晋国。险阻艰难，备尝之矣；民之情伪，尽知之矣。天假之年，而除其害；天之所置，其可废乎！《军志》[13]曰：'允当则归。'又曰：'知难而退。'又曰：'有德不可敌。'此三志者，晋之谓矣。"子玉使伯棼请战，曰："非敢必有功也，愿以间执[14]谗慝之口。"王怒，少与之师，唯西广、东宫[15]与若敖之六卒[16]实从之。

子玉使宛春告于晋师曰："请复卫侯而封曹，臣亦释宋之围。"子犯曰："子玉无礼哉！君取一，臣取二，不可失矣。"先轸曰："子与之。定人之谓礼，楚一言而定三国，我一言而亡之，我则无礼，何以战乎！不许楚言，是弃宋也；救而弃之，谓诸侯何！楚有三施，我有三怨，怨仇已多，将何以战？不如私许复曹、卫以携之，执宛春以怒楚，既战而后图之。"公说，乃拘宛春于卫，且私许复曹、卫。曹、卫告绝于楚。子玉怒，从晋师。晋师退。军吏曰："以君辟臣，辱也。且楚师老矣，何故退？"子犯曰："师直为壮，曲为老，岂在久乎？微楚之惠不及此，退三舍[17]辟之，所以报也。背惠食言，以亢其仇，我曲楚直。其众素饱，不可谓老。我退而楚还，我将何求。若其不还，君退臣犯，曲在彼矣！"退三舍，楚众欲止，子玉不可。夏，四月，戊辰，晋侯、宋公、齐国归父、崔夭、秦小子慭次于城濮。

楚师背酅而舍，晋侯患之，听舆人之诵，曰："原田每每[18]，舍其旧而新是谋。"公疑焉。子犯曰："战也！战而捷，必得诸侯。若其不捷，表里山河，必无害也。"公曰："若楚惠何？"栾贞子曰："汉阳诸姬，楚实尽之，思小惠而忘大耻，不如战也。"晋侯梦与楚子搏，楚子伏己而盬其脑，是以惧。子犯曰："吉。我得天，楚伏其罪，吾且柔之矣！"

子玉使斗勃请战，曰："请与君之士戏，君冯轼而观之，得臣与寓目焉。"晋侯使栾枝对曰："寡君闻命矣。楚君之惠，未之敢忘，是以在此。为大夫退，其敢当君乎！既不获命矣，敢烦大夫谓二三子，戒尔车乘，敬尔君事，诘朝将见。"

晋军七百乘，韅、靷、鞅、靽[19]。晋侯登有莘之虚以观师，曰："少长有礼，其可用也！"遂伐其木，以益其兵。己巳，晋师陈于莘北，胥臣以下军之佐当陈、蔡。子玉以若敖之六卒将中军，曰："今日必无晋矣！"子西将左，子上将右。胥臣蒙马以虎皮，先犯陈、蔡。陈、蔡奔，楚右师溃。狐毛设二旆而退之，栾枝使舆曳柴而伪遁，楚师驰之。原轸、郤溱以中军公族横击之，狐毛、狐偃以上军夹攻子西，楚左师溃。楚师败绩。子玉收其卒而止，故不败。

晋师三日馆谷，及癸酉而还。甲午，至于衡雍，作王宫于践土。乡役之三月，郑伯如楚，致其师。为楚师既败而惧，使子人九[20]行成于晋。晋栾枝入盟郑伯。五月，丙午，晋侯及郑伯盟于衡雍。丁未，献楚俘于王，驷介百乘，徒兵千。郑伯傅王，用平礼也。己酉，王享醴，命晋侯侑。王命尹氏及王子虎、内史叔兴父策命晋侯为侯伯。赐之大辂之服，戎辂之服，彤弓[21]一，彤矢百，玈弓[22]矢千，秬鬯一卣[23]，虎贲三百人。曰："王谓叔父，敬服王命，以绥四国，纠逖王慝。"晋侯三辞，从命，曰："重耳敢再拜稽首，奉扬天子之丕显休命！"受策以出，出入三觐。

卫侯闻楚师败，惧，出奔楚，遂适陈，使元咺奉叔武以受盟。癸亥，王子虎盟诸侯于王庭，要言曰："皆奖王室，无相害也！有渝此盟，明神殛之！俾队[24]其师，无克祚国。及其玄孙，无有老幼！"君子谓是盟也信；谓晋于是役也，能以德攻。

初，楚子玉自为琼弁、玉缨，未之服也。先战，梦河神谓己曰："畀余，余赐女孟诸之麋[25]。"弗致也。大心与子西使荣黄谏[26]，弗听。荣季曰："死而利国，犹或为之，况琼玉乎？是粪土也，而可以济师，将何爱焉？"弗听。出，告二子曰："非神败令尹，令尹其不勤民，实自败也！"既败，王使谓之曰："大夫若入，其若申、息之老何[27]？"子西、孙伯[28]曰："得臣将死，二臣止之，曰：'君其将以为戮。'"及连谷而死。晋侯闻之而后喜可知也，曰："莫余毒也已！蒍吕臣实为令尹，奉己而已，不在民矣。"

【注释】

①贯三人耳：用矢穿三人之耳。

②国老：卿大夫之致仕者。

③蒍贾：字伯赢，孙叔敖之父。

④先轸：晋下军之佐原轸。

⑤搜：检阅军队。

⑥被庐：晋地。

⑦执秩：主爵秩之官。

⑧五鹿：卫地。

⑨不卒戍也：称不终戍事而归，故杀之。

⑩门焉：攻曹之城门。

⑪舆：众。

⑫舍于墓：指发其墓。

⑬《军志》：兵书。

⑭间执：犹塞。

⑮西广、东宫：西广，右广。楚君之亲军有左、右广，右广得军之半；东宫，太子之宫。

⑯若敖之六卒：若敖，楚武王之祖父。葬若敖者，子玉之祖。六卒，子玉宗人之兵六百人。

⑰三舍：舍，三十里；三舍，九十里。

⑱每每：田地腴美貌。

⑲鞅、靷、鞅、靽：鞅，著腋皮；靷，系于车轴之革带；鞅，马颈革，所以负轭者；靽，羁绊。指驾乘修备。

⑳子人九：子人，姓；九，名。

㉑彤弓：赤弓。

㉒旅弓：黑弓。

㉓秬鬯一卣：秬，黑黍；鬯，香酒；卣，器名。

㉔队：陨坠。

㉕孟诸之麋：孟诸，宋薮泽名；水草之交曰麋。

㉖大心与子西使荣黄谏：大心，子玉之子；子西，子玉之族子；荣黄，即荣季。

㉗其若申、息之老何：申、息二邑之子弟，皆从子玉而死，言何以见其父老。

㉘孙伯：即大心。

秦晋殽之战 僖公三十二年～三十三年

三十二年冬，晋文公卒。庚辰，将殡于曲沃。出绛，柩有声如牛①。卜偃使大夫拜，曰："君命大事：将有西师过轶我，击之，必大捷焉。"

杞子自郑使告于秦，曰："郑人使我掌其北门之管，若潜师以来，国可得也。"穆公访诸蹇叔②。蹇叔曰："劳师以袭远，非所闻也。师劳力竭，远主备之，无乃不可乎！师知所为，郑必知之；勤而无所，必有悖心。且行千里，其谁不知！"公辞焉。召孟明③、西乞④、白乙⑤，使出师于东门之外。蹇叔哭之，曰："孟子！吾见师之出，而不见其入也！"公使谓之曰："尔何知！中寿，尔墓之木拱⑥矣！"蹇叔之子与师，哭而送之曰："晋人御师必于殽⑦。殽有二陵焉：其南陵，夏后皋⑧之墓也；其北陵，文王之所辟风雨也。必死是间！余收尔骨焉！"秦师遂东。

三十三年春，秦师过周北门。左右免胄而下，超乘者三百乘。王孙满尚幼，观之，言于王曰："秦师轻而无礼，必败。轻则寡谋，无礼则脱；入险而脱，又不能谋，能无败乎？"

及滑，郑商人弦高将市于周，遇之。以乘韦⑨先，牛十二，犒师。曰："寡君闻吾子将步师出于敝邑，敢犒从者。不腆⑩敝邑，为从者之淹，居则具一日之积，行则备一夕之卫。"且使遽告于郑。

郑穆公使视客馆，则束载、厉兵、秣马矣。使皇武子辞焉，曰："吾子淹久于敝邑，唯是脯资饩牵⑪竭矣。为吾子之将行也，郑之有原圃，犹秦之有具囿⑫也；吾子取其麋鹿，以闲敝邑，若何？"杞子奔齐，逢孙、杨孙奔宋。

孟明曰："郑有备矣，不可冀也。攻之不克，围之不继，吾其还也。"灭滑而还。

晋原轸曰："秦违蹇叔，而以贪勤民，天奉我也。奉不可失，敌不可纵。纵敌患生，违天不祥，必伐秦师。"栾枝曰："未报秦施⑬而伐其师，其为死君乎？"先轸曰："秦不哀吾丧而伐吾同姓，秦则无礼，何施之为？吾闻之：'一日纵敌，数世之患也。'谋及子孙，可谓死君乎？"遂发命，遽兴姜戎。子墨衰绖⑭，梁弘御戎，莱驹为右。夏，四月，辛巳，败秦师于殽。获百里孟明视、西乞术、白乙丙以归，遂墨以葬文公，晋于是始墨。

文嬴[15]请三帅，曰："彼实构吾二君，寡君若得而食之，不厌。君何辱讨焉？使归就戮于秦，以逞寡君之志，若何？"公许之。先轸朝，问秦囚。公曰："夫人请之，吾舍之矣！"先轸怒曰："武夫力而拘诸原，妇人暂[16]而免诸国。堕军实而长寇仇，亡无日矣！"不顾而唾[17]。公使阳处父追之。及诸河，则在舟中矣。释左骖，以公命赠孟明。孟明稽首曰："君之惠，不以累臣衅鼓[18]，使归就戮于秦；寡君之以为戮，死且不朽！若从君惠而免之，三年，将拜君赐。"

秦伯素服郊次，乡师而哭曰："孤违蹇叔，以辱二三子，孤之罪也。"不替孟明，"孤之过也，大夫何罪？且吾不以一眚掩大德[19]。"

【注释】

①如牛：似牛声。

②蹇叔：秦大夫。

③孟明：名视，百里奚之子。

④西乞：名术，秦大夫。

⑤白乙：名丙，秦大夫。

⑥拱：合手谓拱。

⑦殽：今函谷关。

⑧夏后皋：皋，夏桀之祖父。

⑨乘韦：乘，四个；韦，熟革。

⑩不腆：犹言不厚。

⑪脯资饩牵：脯，干肉；资，粮食；生曰饩；牵，谓牛、羊、豕。

⑫原圃、具囿：皆园名。

⑬秦施：指秦穆公曾纳晋文之施。

⑭子墨衰绖：晋文公未葬，故襄公称子。以凶服从戎，故墨染其衰而加绖。

⑮文嬴：晋文公初去秦，秦穆公以女文嬴妻之，即襄公嫡母。

⑯暂：犹猝。

⑰不顾而唾：不顾襄公在前，而唾咳于地，无礼之甚。

⑱衅鼓：杀人以血涂鼓，谓之衅鼓。

⑲不以一眚掩大德：意谓不以一败之小过，而掩其终身之大德。

大棘之战　宣公元年~二年

晋人伐郑，以报北林①之役。于是晋侯②侈，赵宣子为政，骤谏③而不入，故不竞于楚④。

二年春，郑公子归生受命于楚，伐宋。宋华元⑤、乐吕御之。二月，壬子，战于大棘，宋师败绩，囚华元，获乐吕⑥，及甲车四百六十乘，俘二百五十人，馘⑦百人。狂狡辂郑人，郑人入于井⑧，倒戟而出之，获狂狡⑨。君子曰："失礼违命，宜其为禽也。戎昭果毅以听之⑩之谓礼，杀敌为果，致果为毅。易之，戮也⑪。"

将战，华元杀羊食士，其御羊斟不与。及战，曰："畴昔之羊，子为政⑫，今日之事，我为政。"与入郑师，故败。君子谓："羊斟非人也，以其私憾，败国殄民。于是刑孰大焉。《诗》所谓'人之无良'者，其羊斟之谓乎，残民以逞。"

宋人以兵车百乘、文马百驷，以赎华元于郑。半入，华元逃归⑬，立于门外，告而入⑭。见叔牂⑮，曰："子之马然也。"对曰："非马也，其人也⑯。"既合而来奔⑰。

宋城，华元为植，巡功⑱。城者讴曰："睅其目，皤其腹，弃甲而复。于思于思，弃甲复来⑲。"使其骖乘谓之曰："牛则有皮，犀兕尚多，弃甲则那⑳？"役人曰："从其有皮，丹漆若何？"华元曰㉑："去之，夫其口众我寡。"

【注释】

①北林：地名，今河南省郑州市东南。

②晋侯：灵公。

③骤谏：骤，数；意谓屡谏。

④不竞于楚：国不能强于楚。

⑤华元：宋大夫，为师之帅。

⑥获乐吕：获，俘虏；乐吕，宋司寇。

⑦馘：砍下被杀之敌左耳以报功。

⑧"狂狡"二句：狂狡，宋大夫；辂，迎战；迎而伐之，郑人于井而避之。

⑨"倒戟"二句：狂狡自倒其戟，以听郑人之出，因倒戟反为郑人所获。

⑩戎昭果毅以听之：戎，军制；昭，明，军制昭明于上；果，果敢；毅，必行；听，谓常存于耳，著于心想，闻其政令。

⑪"杀敌"三句：敢于杀敌，为果；必行其果敢，以致于敌，为毅；反易其道，如狂狡倒戟之类，受戮之道。

⑫为政：犹言为主。

⑬半入，华元逃归：车马半入郑国时，郑人宽其防守，故华元得乘间逃归。

⑭告而入：告宋城门而后入。

⑮"见叔牂"句：叔，即羊斟，卑贱得先归，华元见而慰之。

⑯"对曰"三句：叔牂知前言以显，故不敢让罪。

⑰既合而来奔：叔牂言毕，遂奔鲁；合，犹答。

⑱宋城，华元为植，巡功：植，将主；华元为筑城之将主，巡行见察功役之事。

⑲"睅其目"五句：睅，出目；皤，大腹，弃甲，谓亡师；于思，多须貌。

⑳"牛则"三句：言牛有皮，可用为甲，犀兕之皮尚多，皆可用以为军装之饰，弃甲则何害？

㉑"华元曰"至"我寡"：言华元不吝其咎，宽而容众。

晋楚邲之战　宣公十一年～十二年

厉之役，郑伯逃归，自是楚未得志焉。郑既受盟于辰陵，又徼事于晋。十二年春，楚国围郑，旬有七日。郑人卜行成，不吉；卜临于大宫，且巷出车①，吉。国人大临，守陴者皆哭②。楚子退师，郑人修城，进复围之，三月克之。入自皇门，至于逵路③。郑伯肉袒牵羊以逆，曰："孤不天，不能事君，使君怀怒以及敝邑，孤之罪也。敢不唯命是听！其俘诸江南以实海滨，亦唯命。其翦以赐诸侯，使臣妾之，亦唯命。若惠顾前好，徼福于厉、宣、桓、武④，不泯其社稷，使改事君，夷于九县⑤，君之惠也，孤之愿也，非所敢望也。敢布腹心，君实图之。"左右曰："不可许也，得国无赦。"王曰："其君能下人，必能信用其民矣，庸可几乎？"退三十里而许之平。潘尪入盟，子良出质。

夏六月，晋师救郑。荀林父将中军，先縠佐之；士会将上军，郤克佐之；赵朔将下军，栾书佐之。赵括、赵婴齐为中军大夫，巩朔、韩穿为上军大夫，荀首、赵同为下军大夫，韩厥为司马。

及河，闻郑既及楚平，桓子欲还，曰："无及于郑而剿民，焉用之？楚归而动，不后。"随武子曰："善。会闻用师，观衅而动，德、刑、政、事、典、礼不易，不可敌也，不为是征。楚军讨郑，怒其贰而哀其卑，叛而伐之，服而舍之，德刑成矣。伐叛刑也，柔服德也，二者立矣。昔岁入陈，今兹入郑，民不罢劳，君无怨讟，政有经矣。荆尸而举，商农工贾不败其业，而卒乘辑睦，事不奸矣。蒍敖⑥为宰，择楚国之令典，军行，右辕，左追蓐，前茅虑无⑦，中权，后劲，百官象物而动，军政不戒而备，能用典矣。其君之举也，内姓选于亲，外姓选于旧；举不失德，赏不失劳；老有加惠，旅有施舍⑧；君子小人，物有服章；贵有常尊，贱有等威；礼不逆矣。德立，刑行，政成，事时，典从，礼顺，若之何敌之？见可而进，知难而退，军之善政也；兼弱攻昧，武之善经也。子姑整军而经武乎，犹有弱而昧者，何必楚？仲虺⑨有言曰：'取乱侮亡。'兼弱也。《汋》⑩曰：'于铄王师，遵养时晦。'耆昧⑪也。《武》⑫曰：'无竞惟烈。'抚弱耆昧，以务烈所，可也。"

彘子⑬曰："不可。晋所以霸，师武臣力也。今失诸侯，不可谓力；有敌而不从，不可谓武。由我失霸，不如死。且成师以出，闻敌强而退，非夫⑭也。命为军帅，而卒以非夫，唯群子能，我弗为也。"以中军佐济。知庄子⑮曰："此师殆哉！《周易》有之，在《师》之《临》，曰：'师出以律，否臧凶。'执事顺成为臧，逆为否，众散为弱，川壅为泽，有律以如己也；故曰律。否臧，且律竭也，盈而以竭，天且不整，所以凶也。不行之谓《临》，有帅而不从，临孰甚焉？此之谓矣。果遇，必败，彘子尸之，虽免而归，必有大咎。"韩献子谓桓子曰："彘子以偏师陷，子罪大矣。子为元帅，师不用命，谁之罪也？失属亡师，为罪已重，不如进也。事之不捷，恶有所分，与其专罪，六人同之，不犹愈乎？"师遂济。

楚子北师⑯次于郔。沈尹将中军，子重将左，子反将右，将饮马于河而归。闻晋师既济，王欲还。嬖人伍参欲战，令尹孙叔敖弗欲，曰："昔岁入陈，令兹入郑，不无事矣。战而不捷，参之肉其足食乎？"参曰："若事之捷，孙叔为无谋矣！不捷，参之肉将在晋军，可得食乎？”令尹南辕反旆，伍参言于王曰：“晋之从政者新，未能行令。其佐先縠刚愎不仁，未肯用命。其三帅者，专行不获。听而无上，众谁适从[17]？此行也，晋师必败。且君而逃臣，若社稷何？”王病之，告令尹，改乘辕而北之，次于管以待之。

晋师在敖、鄗之间，郑皇戌使如晋师，曰：“郑之从楚，社稷之故也，未有贰心。楚师骤胜而骄，其师老矣，而不设备。子击之，郑师为承，楚师必败。”彘子曰：“败楚服郑，于此在矣，必许之。”栾武子曰：“楚自克庸以来，其君无日不讨国人而训之于民生之不易，祸至之无日，戒惧之不可以怠。在军，无日不讨军实而申儆之于胜之不可保，纣之百克而卒无后，训之以若敖、蚡冒筚路蓝缕，以启山林[18]。箴之曰：‘民生在勤，勤则不匮。’不可谓骄。先大夫子犯有言曰：‘师直为壮，曲为老。’我则不德，而徼怨于楚。我曲楚直，不可谓老。其君之戎，分为二广，广有一卒，卒偏之两[19]。右广初驾，数及日中，左则受之，以至于昏。内官序当其夜，以待不虞。不可谓无备。子良，郑之良也。师叔，楚之崇也。师叔入盟，子良在楚，楚、郑亲矣。来劝我战，我克则来，不克遂往。以我卜也，郑不可从。”赵括、赵同曰：“率师以来，唯敌是求；克敌得属，又何俟？必从彘子！”知季曰：“原、屏[20]，咎之徒也。”赵庄子曰：“栾伯善哉！实其言，必长晋国。”

楚少宰如晋师，曰：“寡君少遭闵凶，不能文。闻二先君之出入此行也，将郑是训定，岂敢求罪于晋？二三子无淹久。”随季对曰：“昔平王命我先君文侯曰：‘与郑夹辅周室，毋废王命。’今郑不率，寡君使群臣问诸郑，岂敢辱候人[21]？敢拜君命之辱。”彘子以为谄，使赵括从而更之，曰：“行人失辞。寡君使群臣迁大国之迹于郑，曰：‘无辟敌。’群臣无所逃命。”

楚子又使求成于晋，晋人许之。盟有日矣，楚许伯御乐伯，摄叔为右，以致晋师。许伯曰：“吾闻致师者，御靡旌[22]摩垒而还。”乐伯曰：“吾闻致师者，左射以菆[23]，代御执辔，御下两马，掉鞅而还。”摄叔曰：“吾闻致师者，右入垒，折馘执俘[24]而还。”皆行其所闻而复。晋人逐之，左右角之[25]。乐伯左射马而右射人，角不能进。矢一而已，麋兴于前，射麋丽龟[26]。晋鲍癸当其后，使摄叔奉麋献焉，曰：“以岁之非时，献禽之未至，敢膳诸从者。"鲍癸止之，曰："其左善射，其右有辞，君子也。"既免。

晋魏锜求公族，未得而怒，欲败晋师。请致师，弗许。请使，许之。遂往，请战而还，楚潘党逐之。及荥泽，见六麋，射一麋以顾献，曰："子有军事，兽人无乃不给于鲜？敢献于从者。"叔党命去之。赵旃求卿未得，且怒于失楚之致师者。请挑战，弗许。请召盟，许之。与魏锜皆命而往。

郤献子曰："二憾往矣，弗备必败。"彘子曰："郑人劝战，弗敢从也；楚人求成，弗能好也。师无成命，多备何为？"士季曰："备之善。若二子怒楚，楚人乘我，丧师无日矣。不如备之。楚之无恶，除备而盟，何损于好？若以恶来，有备不败。且虽诸侯相见，军卫不彻警也。"彘子不可。士季使巩朔、韩穿帅七覆于敖前，故上军不败。赵婴齐使其徒先具舟于河，故败而先济。

潘党既逐魏锜，赵旃夜至于楚军，席[27]于军门之外，使其徒入之。楚子为乘广三十乘，分为左右。右广鸡鸣而驾，日中而说；左则受之，日入而说。许偃御右广，养由基为右；彭名御左广，屈荡为右。乙卯，王乘左广以逐赵旃。赵旃弃车而走林，屈荡搏之，得其甲裳。晋人惧二子之怒楚师也，使轪车逆之。潘党望其尘，使骋而告曰："晋师至矣。"楚人亦惧王之入晋军也，遂出陈。孙叔曰："进之！宁我薄人，无人薄我。《诗》云：'元戎十乘，以先启行。'先人也。《军志》曰：'先人有夺人之心。'薄之也。"遂疾进师，车驰卒奔，乘晋军。桓子不知所为，鼓于军中曰："先济者有赏。"中军、下军争舟，舟中之指可掬[28]也。晋师右移，下军未动。工尹齐将右拒卒以逐下军。楚子使唐狡与蔡鸠居告唐惠侯曰："不谷不德而贪，以遇大敌，不谷之罪也。然楚不克，君之羞也。敢藉君灵，以济楚师。"使潘党率游阙四十乘，从唐侯以为左拒，以从上军。驹伯曰："待诸乎？"随季曰："楚师方壮，若萃于我，吾师必尽。不如收而去之，分谤生民，不亦可乎？"殿其卒而退，不败。

王见右广，将从之乘，屈荡户之，曰："君以此始，亦必以终。"自是楚之乘广先左。晋人或以广队不能进，楚人惎[29]之："脱扃[30]。"少进。马还，又惎之："拔旆投衡。"乃出。顾曰："吾不如大国之数奔也。"

赵旃以其良马二，济其兄与叔父，以他马反。遇敌不能去，弃车而走林。

逢大夫与其二子乘，谓其二子无顾。顾曰："赵傁㉛在后。"怒之，使下，指木曰："尸女于是㉜。"授赵旃绥以免。明日以表尸之，皆重获在木下。

楚熊负羁囚知罃，知庄子以其族反之，厨武子御，下军之士多从之。每射，抽矢菆，纳诸厨子之房。厨子怒曰："非子之求，而蒲㉝之爱，董泽之蒲，可胜既乎？"知季曰："不以人子，吾子其可得乎？吾不可以苟射故也。"射连尹襄老，获之，遂载其尸。射公子谷臣，囚之。以二者还。及昏，楚师军于邲。晋之余师不能军，宵济，亦终夜有声。

丙辰，楚重㉞至于邲，遂次于衡雍。潘党曰："君盍筑武军，而收晋师以为京观㉟？臣闻克敌必示子孙，以无忘武功。"楚子曰："非尔所知也。夫文，止戈为武。武王克商，作《颂》曰：'载戢干戈，载櫜弓矢。我求懿德，肆于时夏，允王保之。'又作《武》，其卒章曰：'耆定尔功。'其三曰：'铺时绎思，我徂惟求定。'其六曰：'绥万邦，屡丰年。'夫武，禁暴、戢兵、保大、定功、安民、和众、丰财者也，故使子孙无忘其章。今我使二国暴骨，暴矣。观兵以威诸侯，兵不戢矣。暴而不戢，安能保大？犹有晋在，焉得定功？所违民欲犹多，民何安焉？无德而强争诸侯，何以和众？利人之几，而安人之乱，以为己荣，何以丰财？武有七德，我无一焉，何以示子孙？其为先君宫，告成事而已。武非吾功也。古者明王伐不敬，取其鲸鲵㊱而封之，以为大戮，于是乎有京观，以惩淫慝。今罪无所，而民皆尽忠以死君命，又何以为京观乎？"祀于河，作先君宫，告成事而还。

是役也，郑石制实入楚师，将以分郑，而立公子鱼臣。辛未，郑杀仆叔及子服㊲。君子曰："史佚所谓'毋怙乱'者，谓是类也。《诗》曰：'乱离瘼矣，爰其适归？'归于怙乱者也夫！"

郑伯、许男如楚。秋，晋师归，桓子请死。晋侯欲许之，士贞子谏曰："不可。城濮之役，晋师三日谷，文公犹有忧色，左右曰：'有喜而忧，如有忧而喜乎？'公曰：'得臣犹在，忧未歇也。困兽犹斗，况国相乎？'及楚杀子玉，公喜而后可知也，曰：'莫余毒也已。'是晋再克，而楚再败也。楚是以再世不竞。今天或者大警晋也，而又杀林父以重楚胜，其无乃久不竞乎？林父之事君也，进思尽忠，退思补过，社稷之卫也，若之何杀之？夫其败也，如日月之食焉，何损于明？"晋侯使复其位。

【注释】

①且巷出车：出车于巷，表示虽困不降。

②守陴者皆哭：陴，城上女墙。守陴者皆哭，所以告楚穷。

③逵路：大路。

④厉、宣、桓、武：指周厉王、宣王，郑之所自出；郑桓公、武公，始封之贤君。

⑤夷于九县：九，虚数；楚灭九国以为县，愿平等待。

⑥苏敖：孙叔敖。

⑦虑无：犹今之斥候，持绛幡与白幡，见骑贼举绛幡，见步战举白幡，备虑有无。

⑧旅有施舍：旅客来者，施之以惠，舍不劳役。

⑨仲虺：汤左相，薛之祖，奚仲之后。

⑩《汋》：《诗经·颂》篇名。

⑪耆昧：耆谓致讨于昧。

⑫《武》：《诗经·颂》篇名。

⑬龏子：先穀。

⑭非夫：谓非丈夫。

⑮知庄子：荀首。

⑯北师：师向北行。

⑰"听而无上"二句：谓听龏子、赵同、赵括，则为军无上令，众不知所从。

⑱"若敖"三句：若敖、蚡冒，皆楚之先君；荜路，柴车；蓝缕，敝衣。

⑲"广有一卒"二句：十五乘为一广。《司马法》：百人为卒，二十五人为两，车十五乘为大偏。今广十五乘，亦用旧偏法，复以二十五人为乘副。

⑳原、屏：赵同，名原；赵括，名屏。

㉑候人：道路迎送宾客之吏。

㉒靡旌：驱疾。

㉓菆：矢之善者。

㉔折馘执俘：折馘，取其左耳；执俘，取其俘囚。

㉕角之：张两角从旁夹攻之。

㉖丽龟：丽，著；龟，背之隆高当心者。

㉗席：布席坐，示无所畏。

㉘掬：两手捧曰掬。

㉙恭：教。

㉚轵：车前横木。

㉛傁：对老人的称呼。

㉜尸女于是：止汝尸于此。

㉝蒲：杨柳可以为箭者。

㉞重：辎重。

㉟京观：积尸封土其上，称之京观。

㊱鲸鲵：大鱼名。以喻不义之人吞食小国。

㊲仆叔及子服：仆叔，即公子鱼臣；子服，石制。

齐晋鞌之战　成公二年

　　卫侯使孙良夫、石稷、宁相、向禽将侵齐，与齐师遇。石子欲还，孙子曰："不可。以师伐人，遇其师而还，将谓君何[①]？若知不能，则如无出。今既遇矣，不如战也。"石成子曰："师败矣。子不少须，众惧尽。子丧师徒，何以复命？"皆不对。又曰："子国卿也。陨[②]子，辱矣。子以众退，我此乃止。"且告车来甚众。齐师乃止，次于鞫居。

　　新筑人仲叔于奚救孙桓子，桓子是以免。既[③]，卫人赏之以邑，辞。请曲县[④]、繁缨[⑤]以朝，许之。仲尼闻之，曰："惜也，不如多与之邑。唯器与名，不可以假人，君之所司也。名以出信，信以守器，器以藏礼，礼以行义，义以生利，利以平民，政之大节也。若以假人，与人政也。政亡，则国家从之，弗可止也已。"

　　孙桓子还于新筑，不入，遂如晋乞师。臧宣叔亦如晋乞师。皆主却献子。晋侯许之七百乘。却子曰："此城濮之赋也。有先君之明，与先大夫之肃，故捷。克于先大夫，无能为役。"请八百乘，许之。郤克将中军，士燮将上军，栾书将下军，韩厥为司马，以救鲁、卫。臧宣叔逆晋师，且道之。季文子帅师会之。及卫地，韩献子将斩人，郤献子驰将救之，至则既斩之矣。郤子使速以徇，告其仆曰："吾以分谤也。"

师从齐师于莘。六月，壬申，师至于靡笄之下。齐侯使请战，曰："子以君师辱于敝邑，不腆敝赋，诘朝请见⑥。"对曰："晋与鲁、卫，兄弟也。来告曰：'大国朝夕释憾于敝邑之地。'寡君不忍，使群臣请于大国，无令舆师淹于君地。能进不能退，君无所辱命。"齐侯曰："大夫之许，寡人之愿也；若其不许，亦将见也。"齐高固入晋师，桀⑦石以投人，禽之而乘其车，系桑木焉，以徇齐垒⑧，曰："欲勇者贾余余勇。"

癸酉，师陈于鞌。邴夏御齐侯，逢丑父为右。晋解张御郤克，郑丘缓为右。齐侯曰："余姑翦灭此而朝食⑨。"不介马而驰之⑩。郤克伤于矢，流血及屦，未绝鼓音，曰："余病矣！"张侯曰："自始合，而矢贯余手及肘，余折以御，左轮朱殷⑪，岂敢言病。吾子忍之！"缓曰："自始合，苟有险，余必下推车，子岂识之？然子病矣！"张侯曰："师之耳目，在吾旗鼓，进退从之。此车一人殿之，可以集事，若之何其以病败君之大事也？擐甲执兵，固即死也。病未及死，吾子勉之！"左并辔，右援枹而鼓，马逸不能止，师从之。齐师败绩。逐之，三周华不注⑫。

韩厥梦子舆谓己曰："且辟左右。"故中御而从齐侯。邴夏曰："射其御者，君子也。"公曰："谓之君子而射之，非礼也。"射其左，越于车下。射其右，毙于车中。綦毋张丧车，从韩厥，曰："请寓乘。"从左右，皆肘之，使立于后。韩厥俛定其右。逢丑父与公易位。将及华泉，骖絓于木而止。丑父寝于辂⑬中，蛇出于其下，以肱击之，伤而匿之，故不能推车而及。韩厥执絷马前，再拜稽首，奉觞加璧以进，曰："寡君使群臣为鲁、卫请曰：'无令舆师陷入君地。'下臣不幸，属当戎行，无所逃隐。且惧奔辟而忝两君，臣辱戎士，敢告不敏，摄官承乏。"丑父使公下，如华泉取饮。郑周父御佐车，宛茷为右，载齐侯以免。韩厥献丑父，郤献子将戮之。呼曰："自今无有代其君任患者，有一于此，将为戮乎？"郤子曰："人不难以死免其君，我戮之不祥，赦之以劝事君者。"乃免之。

齐侯免，求丑父，三入三出。每出，齐师以帅退。入于狄卒，狄卒皆抽戈楯冒之。以入于卫师，卫师免之。遂自徐关入。齐侯见保者，曰："勉之！齐师败矣。"辟女子⑭，女子曰："君免乎？"曰："免矣。"曰："锐司徒免乎？"曰："免矣。"曰："苟君与吾父免矣，可若何？"乃奔。

齐侯以为有礼，既而问之，辟司徒⑮之妻也。予之石窌。

晋师从齐师，入自丘舆，击马陉。齐侯使宾媚人赂以纪甗⑯、玉磬与地；不可，则听客之所为。宾媚人致赂，晋人不可，曰："必以萧同叔子⑰为质，而使齐之封内尽东其亩⑱。"对曰："萧同叔子非他，寡君之母也。若以匹敌，则亦晋君之母也。吾子布大命于诸侯，而曰必质其母以为信，其若王命何？且是以不孝令也。《诗》曰：'孝子不匮，永锡尔类。'若以不孝令于诸侯，其无乃非德类也乎？先王疆理天下，物土之宜，而布其利，故《诗》曰：'我疆我理，南东其亩。'今吾子疆理诸侯，而曰'尽东其亩'而已，唯吾子戎车是利，无顾土宜，其无乃非先王之命也乎？反先王则不义，何以为盟主？其晋实有阙。四王⑲之王也，树德而济同欲焉。五伯⑳之霸也，勤而抚之，以役王命。今吾子求合诸侯，以逞无疆之欲。《诗》曰：'布政优优，百禄是遒'。子实不优，而弃百禄，诸侯何害焉！不然，寡君之命使臣则有辞矣，曰：'子以君师辱于敝邑，不腆敝赋，以犒从者。畏君之震，师徒桡败，吾子惠徼齐国之福，不泯其社稷，使继旧好，唯是先君之敝器土地，不敢爱。子又不许。请收合余烬，背城借一㉑。敝邑之幸，亦云从也。况其不幸，敢不唯命是听。'"鲁、卫谏曰："齐疾我矣！其死亡者，皆亲昵也。子若不许，仇我必甚。唯子则又何求？子得其国宝，我亦得地，而纾于难，其荣多矣！齐、晋亦唯天所授，岂必晋？"晋人许之，对曰："群臣帅赋舆以为鲁、卫请，若苟有以借口而复于寡君，君之惠也。敢不唯命是听。"

禽郑自师逆公。秋七月，晋师及齐国佐盟于爰娄，使齐人归我汶阳之田。公会晋师于上鄍，赐三帅先路三命之服，司马、司空、舆帅㉒、候正、亚旅，皆受一命之服。

【注释】

①将谓君何：将用什么复君命。

②陨：被擒获。

③既：卒事。

④曲县：轩县。

⑤繁缨：马饰，亦诸侯之服。

⑥诘朝请见：言平旦请以军事相见。

⑦桀：担。

⑧"系桑木焉"二句：将至齐垒。以桑树系车而走，欲自异。

⑨余姑翦灭此而朝食：我且翦灭此类而后早食，轻敌之大话。

⑩不介马而驰之：马不被甲而驰晋师。

⑪朱殷：朱，血色，血色久则殷；殷，赤黑色。

⑫华不注：山名。

⑬辋：卧车。

⑭辟女子：使女子避君。

⑮辟司徒：主壁垒者，曰辟司徒。

⑯纪甗：甗，玉甑。灭纪所得，故曰纪甗。

⑰萧同叔子：同叔，萧君之字，齐侯外祖父。难斥言其母，故远言之。

⑱尽东其亩：使垄亩东西行。

⑲四王：禹、汤、文、武。

⑳五伯：夏伯昆吾，商伯大彭、豕韦，周伯齐桓、晋文。

㉑背城借一：言欲于城下复借一战，以致死命焉。

㉒舆帅：主兵车之官。

吕相绝秦之辞　成公十三年

　　昔逮我献公，及穆公相好，戮力同心，申之以盟誓，重之以昏姻①。天祸晋国，文公如齐，惠公如秦。无禄，献公即世②，穆公不忘旧德，俾我惠公，用能奉祀于晋。又不能成大勋，而为韩之师。亦悔于厥心，用集我文公，是穆之成也。

　　文公躬擐甲胄③，跋履山川，逾越险阻，征东之诸侯，虞、夏、商、周之胤，而朝诸秦，则亦既报旧德矣。郑人怒君之疆场，我文公帅诸侯及秦围郑，秦大夫不询于我寡君，擅及郑盟，诸侯疾之，将致命于秦。文公恐惧，绥静诸侯，秦师克还无害，则是我有大造于西也。

　　无禄，文公即世，穆为不吊，蔑死我君，寡我襄公，迭我殽地，奸绝我好，伐我保城，殄灭我费滑，散离我兄弟，挠乱我同盟④，倾覆我国家。我襄公未忘君之旧勋，而惧社稷之陨，是以有殽之师。犹愿赦罪于穆公，穆公弗听，而即楚谋我。天诱其衷，成王陨命，穆公是以不克逞志于我。

穆、襄即世，康、灵即位，康公我之自出，又欲阙翦我公室，倾覆我社稷，帅我蟊贼[5]，以来荡摇我边疆，我是以有令狐之役。康犹不悛，入我河曲，伐我涑川，俘我王官，翦我羁马，我是以有河曲之战。东道之不通，则是康公绝我好也。

及君之嗣也，我君景公引领西望曰："庶抚我乎！"君亦不惠称盟，利吾有狄难，入我河县，焚我箕、郜，芟夷我农功，虔刘我边陲，我是以有辅氏之聚。

君亦悔祸之延，而欲徼福于先君献、穆，使伯车来命我景公曰："吾与女同好弃恶，复修旧德，以追念前勋。"言誓未就，景公即世，我寡君是以有令狐之会。君又不祥，背弃盟誓。白狄及君同州，君之仇雠，而我之昏姻也。君来赐命曰："吾与女伐狄。"寡君不敢顾昏姻，畏君之威，而受命于使。君有二心于狄，曰："晋将伐女。"狄应且憎，是用告我。楚人恶君之二三其德也，亦来告我曰："秦背令狐之盟，而来求盟于我，昭告昊天上帝、秦三公、楚三王曰：'余虽与晋出入，余唯利是视。'不谷恶其无成德，是用宣之，以惩不壹。"诸侯备闻此言，斯是用痛心疾首，昵就寡人。寡人帅以听命，唯好是求。君若惠顾诸侯，矜哀寡人，而赐之盟，则寡人之愿也。其承宁诸侯以退，岂敢徼乱？君若不施大惠，寡人不佞，其不能以诸侯退矣。敢尽布之执事，俾执事实图利之。

【注释】

①昏姻：言晋献公之女嫁给秦穆公为夫人。

②即世：去世。

③躬擐甲胄：躬，亲身；擐，贯；在身曰甲，在首曰胄。

④"散离"二句：滑，晋同姓国，故谓离散我兄弟；郑、滑皆从晋国，故称挠乱我同盟。

⑤帅我蟊贼：蟊贼，食禾稼虫名。指秦纳公子雍。

晋楚鄢陵之战　成公十六年

晋侯将伐郑，范文子曰："若逞吾愿，诸侯皆叛，晋可以逞。若唯郑叛，晋国之忧可立俟也。"栾武子曰："不可以当吾世而失诸侯，必伐郑。"乃兴师。栾书将中军，士燮佐之。郤锜将上军，荀偃佐之。韩厥将下军，郤至佐新军，荀罃居守。郤犨如卫，遂如齐，皆乞师焉。栾黡来乞师，孟献子曰："有胜矣。"戊寅，晋师起。

郑人闻有晋师，使告于楚，姚句耳与往。楚子救郑，司马将中军，令尹将左，右尹子辛将右。过申，子反入见申叔时，曰："师其何如？"对曰："德、刑、详、义、礼、信，战之器也。德以施惠，刑以正邪，详以事神，义以建利，礼以顺时，信以守物。民生厚而德正，用利而事节，时顺而物成。上下和睦，周旋不逆，求无不具，各知其极。故《诗》曰：'立我烝民，莫匪尔极。'是以神降之福，时无灾害，民生敦庞，和同以听，莫不尽力以从上命，致死以补其阙[1]。此战之所由克也。今楚内弃其民，而外绝其好，渎齐盟而食话言，奸时以动，而疲民以逞。民不知信，进退罪也。人恤所底，其谁致死？子其勉之！吾不复见子矣。"姚句耳先归，子驷问焉，对曰："其行速，过险而不整。速则失志，不整丧列。志失列丧，将何以战？楚惧不可用也。"五月，晋师济河。闻楚师将至，范文子欲反，曰："我伪逃楚，可以纾忧。夫合诸侯，非吾所能也，以遗能者。我若群臣辑睦以事君，多矣！"武子曰："不可。"六月，晋、楚遇于鄢陵。范文子不欲战，郤至曰："韩之战，惠公不振旅。箕之役，先轸不反命。邲之师，荀伯不复从。皆晋之耻也。子亦见先君之事矣。今我辟楚，又益耻也。"文子曰："吾先君之亟战也，有故。秦、狄、齐、楚皆强，不尽力，子孙将弱。今三强[2]服矣，敌楚而已。唯圣人能外内无患，自非圣人，外宁必有内忧。盍释楚以为外惧乎？"

甲午晦，楚晨压晋军而陈。军吏患之，范匄趋进，曰："塞井夷灶[3]，陈于军中，而疏行首[4]，晋、楚唯天所授，何患焉？"文子执戈逐之，曰："国之存亡，天也。童子何知焉？"栾书曰："楚师轻窕，固垒而待之，三日必退。退而击之，必获胜焉。"郤至曰："楚有六间，不可失也。其二卿相恶[5]，王卒以旧，郑陈而不整，蛮军而不陈，陈不违晦[6]，在陈而嚣。

合而加嚣，各顾其后，莫有斗心。旧不必良，以犯天忌。我必克之！"

楚子登巢车⑦以望晋军，子重使太宰伯州犁侍于王后。王曰："骋而左右，何也？"曰："召军吏也。""皆聚于中军矣。"曰："合谋也。""张幕矣。"曰："虔卜于先君也。""彻幕矣。"曰："将发命也。""甚嚣，且尘上矣。"曰："将塞井夷灶而为行也。""皆乘矣，左右执兵而下矣。"曰："听誓也。""战乎？"曰："未可知也。""乘而左右皆下矣。"曰："战祷也。"伯州犁以公卒告王⑧。苗贲皇在晋侯之侧，亦以王卒告⑨。皆曰："国士在，且厚，不可当也。"苗贲皇言于晋侯曰："楚之良，在其中军王族而已。请分良以击其左右，而三军萃于王卒，必大败之。"公筮之，史曰："吉。其卦遇《复》，曰：'南国蹙，射其元王，中厥目。'国蹙王伤，不败何待？"公从之。

有淖于前，乃皆左右相违于淖。步毅御晋厉公，栾针为右。彭名御楚共王，潘党为右。石首御郑成公，唐苟为右。栾、范以其族夹公行，陷于淖。栾书将载晋侯，针曰："书退！国有大任，焉得专之？且侵官，冒也；失官，慢也；离局，奸也。有三罪焉，不可犯也。"乃掀公以出于淖。

癸巳，潘尫之党⑩与养由基蹲甲而射之，彻七札焉。以示王，曰："君有二臣如此，何忧于战？"王怒曰："大辱国！诘朝，尔射，死艺。"吕锜梦射月，中之，退入于泥。占之，曰："姬姓，日也。异姓，月也。必楚王也。射而中之，退入于泥，亦必死矣。"及战，射共王中目。王召养由基，与之两矢，使射吕锜，中项，伏弢⑪，以一矢复命。

郤至三遇楚子之卒，见楚子必下，免胄而趋风⑫。楚子使工尹襄问之以弓，曰："方事之殷也，有韎韦之跗注⑬，君子也。识见不谷而趋，无乃伤乎？"郤至见客，免胄承命，曰："君之外臣至，从寡君之戎事，以君之灵，间蒙甲胄，不敢拜命。敢告不宁君命之辱。为事之故，敢肃使者。"三肃使者而退。

晋韩厥从郑伯，其御杜溷罗曰："速从之！其御屡顾，不在马，可及也。"韩厥曰："不可以再辱国君。"乃止。郤至从郑伯，其右茀翰胡曰："谍辂之，余从之乘，而俘以下。"郤至曰："伤国君有刑。"亦止。石首曰："卫懿公唯不去其旗，是以败于荧。"乃内旌于弢中。唐苟谓石首曰："子在君侧，败者壹大。我不如子，子以君免。我请止。"乃死。

楚师薄于险，叔山冉谓养由基曰："虽君有命，为国故，子必射！"乃射。再发，尽殪。叔山冉搏人以投，中车，折轼。晋师乃止。囚楚公子伐。

栾铖见子重之旌，请曰："楚人谓夫旌，子重之麾也。彼其子重也。日臣之使于楚也，子重问晋国之勇。臣对曰：'好以众整⑭。'曰：'又何如？'臣对曰：'好以暇。'今两国治戎，行人不使，不可谓'整'。临事而食言，不可谓'暇'。请摄饮焉。"公许之。使行人执榼承饮，造于子重，曰："寡君乏使，使榼御持矛。是以不得犒从者，使其摄饮。"子重曰："夫子尝与吾言于楚，必是故也，不亦识乎？"受而饮之。免使者而复鼓。旦而战，见星末已。

子反命军史察夷伤，补卒乘，缮甲兵，展车马，鸡鸣而食，唯命是听。晋人患之。苗贲皇徇曰："搜乘补卒，秣马利兵，修陈固列，蓐食申祷，明日复战。"乃逸楚囚。王闻之，召子反谋。谷阳竖献饮于子反，子反醉而不能见。王曰："天败楚也夫！余不可以待。"乃宵遁。晋入楚军，三日谷⑮。范文子立于戎马之前，曰："君幼，诸臣不佞，何以及此？君其戒之！《周书》曰：'惟命不于常。'有德之谓。"

楚师还及瑕，王使谓子反曰："先大夫之覆师徒者，君不在。子无以为过，不谷之罪也。"子反再拜稽首，曰："君赐臣死，死且不朽。臣之卒实奔，臣之罪也。"子重使谓子反曰："初陨师徒者，而亦闻之矣。盍图之？"对曰："虽微先大夫有之，大夫命侧，侧敢不义？侧亡君师，敢忘其死。"王使止之，弗及而卒。

【注释】

①阒：战死者。

②三强：指齐、秦、狄。

③塞井夷灶：军屯必凿井结灶以自给，今为楚压晋军，战地迫狭，故自塞其井，自平其灶，以为战地。

④疏行首：在阵前决开营垒为战道。

⑤二卿相恶：指子重、子反不和。

⑥陈不违晦：晦，月终阴尽，兵家大忌。今楚压晋军而陈，不避晦日。

⑦巢车：车上设台如巢，以便望远，故称巢车。

⑧伯州犁以公卒告王：伯州犁，晋人，知晋之情，故以晋文公之卒告晋侯。

⑨苗贲皇在晋侯之侧，亦以王卒告：贲皇，楚斗椒子，知楚之情，故以楚王之卒告晋侯。

⑩党：潘尪之子。

⑪弢：弓衣。

⑫免胄而趋风：免其首胄，而趋走疾如风，以致恭敬。

⑬靺韦之跗注：靺，赤色；韦，熟皮；跗注，戎服，若裤，而属于跗，与裤连。

⑭好以众整：指晋国好以整齐军旅为勇。

⑮三日谷：谷，楚粟。吃楚粟三天。

晋入齐平阴之战　襄公十八年

十八年秋，齐侯伐我北鄙。中行献子将伐齐，梦与厉公讼，弗胜。公以戈击之，首队于前，跪而戴之，奉之以走，见梗阳①之巫皋。他日，见诸道，与之言，同。巫曰："今兹主②必死，若有事于东方，则可以逞。"献子许诺。晋侯伐齐，将济河。献子以朱丝系玉二瑴而祷曰："齐环③怙恃其险，负其众庶，弃好背盟，陵虐神主。曾臣彪④将率诸侯以讨焉，其官臣偃实先后之。苟捷有功，无作神羞，官臣偃无敢复济。唯尔有神裁之！"沈玉而济。

冬十月，会于鲁济，寻溴梁之言，同伐齐。齐侯御诸平阴，堑防门而守之，广里⑤。夙沙卫曰："不能战，莫如守险。"弗听。诸侯之士门焉，齐人多死。范宣子告析文子曰："吾知子，敢匿情乎？鲁人、莒人皆请以车千乘，自其乡入，既许之矣。若入，君必失国。子盍图之？"子家以告公，公恐。晏婴闻之，曰："君固无勇，而又闻是，弗能久矣。"齐侯登巫山以望晋师。晋人使司马斥⑥山泽之险，虽所不至，必旆而疏陈之。使乘车者左实右伪，以旆先，舆曳柴而从之⑦。齐侯见之，畏其众也，乃脱归。丙寅晦，齐师夜遁。

师旷告晋侯曰："鸟乌之声乐，齐师其遁。"邢伯告中行伯曰："有斑马之声⑧，齐师其遁。"叔向告晋侯曰："城上有乌，齐师其遁。"十一月丁卯朔，入平阴，遂从齐师。夙沙卫连大车以塞隧而殿。殖绰、郭最曰："子殿国师，齐之辱也。子姑先乎！"乃代之殿。卫杀马于隘以塞道。晋州绰及之，射殖绰中肩，两矢夹脰，曰："止，将为三军获。不止，将取其衷。"顾曰："为私誓。"州绰曰："有如日！"乃弛弓而自后缚之。其右具丙亦舍兵而缚郭最。皆衿甲面缚⑨，坐于中军之鼓下。

晋人欲逐归者，鲁、卫请攻险。己卯，荀偃、士匄以中军克京兹。乙酉，魏绛、栾盈以下军克邿。赵武、韩起以上军围卢，弗克。十二月戊戌，及秦周，伐雍门之萩。范鞅门于雍门，其御追喜以戈杀犬于门中。孟庄子斩其橁以为公琴。己亥，焚雍门及西郭、南郭。刘难、士弱率诸侯之师焚申池之竹木。壬寅，焚东郭、北郭。范鞅门于扬门。州绰门于东闾，左骖迫，还于东门中。以枚数阖⑩。

齐侯驾，将走邮棠。太子与郭荣扣马，曰："师速而疾，略也。将退矣，君何惧焉！且社稷之主，不可以轻，轻则失众。君必待之。"将犯之，太子抽剑断鞅，乃止。甲辰，东侵及潍，南及沂。

经部

【注释】

①梗阳：晋邑，今山西晋阳县南。

②主：大夫称谓。

③齐环：环，齐灵公名。

④曾臣彪：彪，晋平公名；曾臣，犹末臣。

⑤"平阴"三句：平阴城在济北庐县东北，其城南有防，防有门，于门外作堑，横行广一里。

⑥斥：斥侯。

⑦舆曳柴而从之：舆，众。众曳柴随车后扬尘。

⑧斑马之声：斑，别。夜遁马人不相见，故作离别声。

⑨皆衿甲面缚：皆不解甲反缚，仅露其面。

⑩以枚数阖：枚，马挝；阖，门扇。

崔氏之灭　襄公二十七年

齐崔杼生成及强而寡①。娶东郭姜，生明。东郭姜以孤人②。曰棠无咎③，与东郭偃④相崔氏。崔成有疾⑤而废之，而立明。成请老于崔，崔子许之。偃与无咎弗予，曰："崔，宗邑⑥也，必在宗主⑦。"成与强怒，将杀之。告庆封曰："夫子之身亦子所知也⑧，唯无咎与偃是从，父兄莫得进矣。大恐害夫子，敢以告。"庆封曰："子姑退，吾图之。"告卢蒲嫳⑨。卢蒲嫳曰："彼，君之仇⑩也，天或者将弃彼矣。彼实家乱，子何病焉？崔之薄，庆之厚⑪也。"他日又告。庆封曰："苟利夫子，必去之！难，吾助女。"

九月庚辰，崔成、崔强杀东郭偃、棠无咎于崔氏之朝。崔子怒而出，其众皆逃，求人使驾，不得。使圉人驾，寺人御而出。且曰："崔氏有福，止余犹可⑫。"遂见庆封。庆封曰："崔、庆一也⑬。是何敢然？请为子讨之。"使卢蒲嫳帅甲以攻崔氏。崔氏堞其宫而守⑭之，弗克。使国人助之，遂灭崔氏，杀成与强，而尽俘其家。其妻缢。嫳复命于崔子，且御而归之。至，则无归矣，乃缢。崔明夜辟诸大墓⑮。辛巳，崔明来奔，庆封当国。

【注释】

①而寡：偏丧称为寡。

②以孤人：无父称孤。盖东郭姜以先夫之子自随。

③棠无咎：无咎，棠公的儿子。

④东郭偃：偃，东郭姜的弟弟。

⑤有疾：有恶疾。

⑥宗邑：宗庙所在。

⑦宗主：指崔明。

⑧"夫子"句：夫子指崔杼。言他的身事庆封亦是知道。

⑨卢蒲嫳：庆封属大夫。

⑩彼，君之仇：君指齐庄公，为崔杼所弑。

⑪崔之薄，庆之厚：崔败，庆封专权。

⑫"且曰"三句：恐灭家，祸不止一身。

⑬崔、庆一也：言如一家。

⑭堞其宫而守：堞，短垣。使其众居短垣内以守。

⑮辟诸大墓：辟，开。言躲避在先人的墓群里。

庆氏之难　襄公二十八年

　　齐庆封好田而耆酒，与庆舍政①。则以其内实②迁于卢蒲嫳氏，易内而饮酒③，数日，国迁朝④焉。使诸亡人得贼者以告而反之⑤，故反卢蒲癸。癸臣子之，有宠，妻之⑥。庆舍之士谓卢蒲癸曰："男女辨姓。子不辟宗。何也⑦？"曰："宗不余辟⑧，余独焉辟之？赋诗断章，余取所求焉。恶识宗⑨？"癸言王何而反之，二人皆嬖⑩，使执寝戈⑪而先后之。

　　公膳，日双鸡。饔人窃更之以鹜⑫。御者知之，则去其肉，而以其洎馈⑫。子雅、子尾⑬怒，庆封告卢蒲嫳⑭。卢蒲嫳曰："譬之如禽兽，吾寝处之⑮矣。"使析归父告晏平仲⑯。平仲曰："婴之众不足用也，知无能谋也。言弗敢出，有盟可也。"子家曰："子之言云，又焉用盟？"告北郭子车。子车曰："人各有以事君，非佐之所能也⑰。"陈文子谓桓子⑱曰："祸将作矣，吾其何得？"对曰："得庆氏之木百车于庄⑲。"文子曰："可慎守⑳也已！"

　　卢蒲癸、王何卜攻庆氏，示子之兆，曰："或卜攻仇，敢献其兆。"子之曰："克，见血。"冬十月，庆封田于莱，陈无宇从。丙辰，文子使召之。请曰："无宇之母疾病，请归。"庆季卜之㉑，示之兆，曰："死。"奉龟而泣。乃使归。庆嗣㉒闻之，曰："祸将作矣！"谓子家："速归！祸作必于尝㉓，归犹可及也。"子家弗听，亦发俊志，子息曰："亡矣！幸而获在吴、越。"陈无宇济水，而戕舟发梁㉔。卢蒲姜谓癸曰："有事而不告我，必不捷矣。"癸告之。姜曰："夫子愎，莫之止，将不出，我请止之。"癸曰："诺。"十一月乙亥，尝于大公之庙，庆舍莅事。卢蒲姜告之，且止之。弗听。"曰："谁敢者！㉕"遂如公。麻婴为尸，庆奊为上献。卢蒲癸、王何执寝戈。庆氏以其甲环公宫。陈氏、鲍氏之圉人为优。庆氏之马善惊，士皆释甲束马而饮酒，且观优，至于鱼里。栾、高、陈、鲍㉖之徒，介庆氏之甲。子尾抽桷击扉㉗三，卢蒲癸自后刺子之，王何以戈击之，解其左肩。犹援庙桷，动于甍，以俎壶投杀人而后死㉘。遂杀庆绳、麻婴。公惧，鲍国曰："群臣为君故也。"陈须无以公归，税服而如内宫㉙。

　　庆封归，遇告乱者。丁亥，伐西门，弗克。还，伐北门，克之。入，伐内宫，弗克。反，陈于岳㉚，请战，弗许，遂来奔。献车于季武子，美泽可以鉴。展庄叔见之，曰："车甚泽，人必瘁，宜其亡也。"叔孙穆子食庆封，庆封汜祭㉛。穆子不说，使工为之诵《茅鸱》㉜，亦不知。既而齐人来让，奔吴。吴句余㉝予之朱方，聚其族焉而居之，富于其旧。子服惠伯谓叔孙曰："天殆富淫人，庆封又富矣。"穆子曰："善人富谓之赏，淫人富为之殃。天其殃之也，天将聚而歼旃㉞？"

【注释】

①与庆舍政：舍，庆封之子。庆封当国，不自为政，以付舍。

②内实：宝物、妻妾。

③易内而饮酒：庆封与卢蒲嫳交易其内人而饮酒。

④国迁朝：就于卢蒲氏朝见封。

⑤使诸……反之：亡人，辟崔氏难出奔者，能捕得贼者，来告之而反其身于国，使以功赎己罪。

⑥故反……妻子：卢蒲嫳庄公党，以告贼得反，子之即庆舍，卢蒲嫳臣事之，子之以其女妻嫳。

⑦庆舍之士……何也：辨，别，别姓而后可相娶；庆氏，卢蒲氏皆姜姓。

⑧宗不余辟：指舍欲妻己。

⑨"余独"三句：言己苟欲有求于庆氏，不能复顾礼，譬如赋诗者，取其一章而已。

⑩"嫳言"二句：二子皆庄公党，崔氏弑庄公，嫳、何出奔，今还求宠于庆氏，欲为庄公报仇。

⑪寝戈：亲近兵杖。

⑫"饔人"四句：洎，肉汁；御，进食者。饔人御者，欲使诸大夫怨庆氏，减其膳，盖卢蒲嫳、王何之谋。

⑬子雅、子尾：二子皆为惠公之孙。

⑭庆封告卢蒲嫳：以二子怒告嫳。

⑮寝处之：指能杀而席其皮。

⑯告晏平仲：欲与共谋子雅、子尾。

⑰"人各"二句：意谓人各有才能，以事其君，非佐之才能所及。佐，

子车名。

⑱桓子：文子之子无宇。

⑲得木百车于庄：庆封时有此木积于六轨之道。

⑳可慎守：善其子不志于货财，指可慎守其家。

㉑庆季卜之：季，庆封，为无宇卜母疾病。

㉒庆嗣：庆封之族。

㉓必于尝：尝，秋祭。

㉔戕舟发梁：不欲庆封得救难。

㉕卢蒲姜告之……谁敢者：姜告其父以有变，且止其父勿出临祭。庆舍不从，言："谁敢为乱者？"以此见其慢。

㉖栾、高、陈、鲍：谓栾子雅、高子尾、陈须无、鲍国。

㉗抽桷击扉：抽桷击扉为期。

㉘"援庙桷"三句：甍，屋栋；俎，壶，皆祭器。庆舍重伤，犹能援太庙之桷动于屋甍，指其多力。

㉙税服而如内宫：税祭服而往内，指公惧于外难。

㉚岳：里名。

㉛氾祭：礼，食有祭，示有所先，氾祭，远散所祭不共。

㉜《茅鸱》：逸诗。

㉝句余：吴子夷末。

㉞歼：尽。为昭四年杀庆封传。

叔孙穆子之难　昭公四年～五年

初，穆子去叔孙氏，及庚宗①，遇妇人，使私为食而宿焉。问其行，告之故，哭而送之。适齐，娶于国氏，生孟丙，仲壬。梦天压己，弗胜。顾而见人，黑而上偻，深目而豭喙②，号之曰："牛，助余！"乃胜之。旦而皆召其徒，无之。且曰："志之。"及宣伯奔齐，馈之。宣伯曰："鲁以先子之故，将存吾宗，必召女。召女，何如？"对曰："愿之久矣。"鲁人召之，不告而归。既立，所宿庚宗之妇人献以雉。问其姓，对曰："余子长矣，能奉雉而从我矣。"召而见之，则所梦也。未问其名，号之曰"牛"，曰：“唯。”皆召其徒，使视之，遂使为竖。有宠，长使为政。

公孙明知叔孙③于齐，归，未逆国姜，子明取之。故怒，其子长而后使逆之。田于丘莸，遂遇疾焉。竖牛欲乱其室而有之，强与孟盟，不可。叔孙为孟钟，曰：“尔未际，飨大夫以落之④。”既具，使竖牛请日。入，弗谒。出，命之日。及宾至，闻钟声。牛曰：“孟有北妇人之客⑤。”怒，将往。牛止之。宾出，使拘而杀诸外。牛又强与仲谋，不可，仲与公御莱书观于公⑥”。公与之环，使牛入示之。入，不示。出，命佩之。牛谓叔孙：“见仲而何？”叔孙曰：“何为？”曰：“不见。既自见矣，公与之环而佩之矣。”遂逐之，奔齐。

疾急，命召仲，牛许而不召。杜泄见，告之饥渴，授之戈⑦。对曰：“求之而至，又何去焉⑧？”竖牛曰：“夫子疾病，不欲见人。”使置馈于个⑨而退。牛弗进，则置虚命彻⑩。十二月癸丑，叔孙不食。乙卯，卒。牛立昭子⑪而相之。

公使杜泄葬叔孙。竖牛赂叔仲昭子与南遗⑫，使恶杜泄于季孙而去之。杜泄将以路⑬葬，且尽卿礼。南遗谓季孙曰：“叔孙未乘路，葬焉用之？且冢卿无路，介卿以葬，不亦左乎？”季孙曰：“然。”使杜泄舍路，不可，曰：“夫子受命于朝，而聘于王，王思旧勋而赐之路。复命而致之君，君不敢逆王命而复赐之，使三官书之。吾子为司徒，实书名。夫子为司马，与工正书服。孟孙为司空，以书勋，今死而弗以，是弃君命也。书在公府而弗以，是废三官也。若命服，生弗敢服，死又不以，将焉用之？”乃使以葬。

季孙谋去中军，竖牛曰：“夫子固欲去之。”五年，春王正月，舍中军，卑公室也。毁中军于施氏，成诸臧氏。初作中军，三分公室而各有其一。季氏尽征之，叔孙氏臣其子弟，孟氏取其半焉。及其舍之也，四分公室，季氏择二，二子各一。皆尽征之，而贡于公。以书使杜泄告于殡，曰：“子固欲毁中军，既毁之矣，故告。”杜泄曰：“夫子唯不欲毁也，故盟诸僖闳，诅诸五父之衢⑭。”受其书而投之，帅士而哭之。叔仲子谓季孙曰：“带受命于子叔孙曰，葬鲜者⑮自西门。”季孙命杜泄。杜泄曰：“卿丧自朝，鲁礼也。吾子为国政，未改礼而又迁之。群臣惧死，不敢自也。”既葬而行。

仲至自齐，季孙欲立之。南遗曰：“叔孙氏厚，则季氏薄。彼实家乱，子勿与知，不亦可乎？”南遗使国人助竖牛以攻诸大库之庭⑯。司宫射之，中目而死。竖牛取东鄙三十邑以与南遗。昭子即位，朝其家众，曰："竖牛祸叔孙氏，使乱大从[17]，杀适立庶，又披其邑，将以赦罪，罪莫大焉。必速杀之！"竖牛惧，奔齐。孟、仲之子[18]杀诸塞关[19]之外，投其首于宁风[20]之棘上。

仲尼曰："叔孙昭子之不劳，不可能也。周任有言曰：'为政者，不赏私劳，不罚私怨。'《诗》云：'有觉德行，四国顺之。'"

【注释】

①庚宗：鲁地。

②"黑而上偻"二句：色黑而肩上偻伛，目深而口像猪。

③公孙明知叔孙：公孙明，齐大夫子明，与叔孙相亲知。

④落之：以猪血衅钟曰落。

⑤北妇人之客：北妇人，国姜；客指公孙明。

⑥仲与公御莱书观于公：莱书，公御，士名，仲与之私游，观于公宫。

⑦"杜泄见"三句：杜泄，叔孙氏宰。牛不食叔孙，叔孙怒，欲使杜泄杀。

⑧"求之而至"二句：谓求食可得，无为去竖牛，盖杜泄力不能去，设辞以免。

⑨个：东西厢。

⑩置虚命彻：泻器令空，示若叔孙已食，命去之。

⑪昭子：豹之庶子。

⑫叔仲昭子与南遗：昭子，叔仲带；南遗，季孙家臣。

⑬路：王所赐叔孙车。

⑭诅诸五父之衢：五父，衢名，在鲁国东南。诅，以祸福之言相要胁。

⑮鲜者：不以寿终。

⑯攻诸大库之庭：攻仲壬。鲁城内有大庭氏之虚，在上筑库。

⑰从：同纵。

⑱孟、仲之子：孟丙、仲壬之子。

⑲塞关：齐、鲁界上关。

⑳宁风：齐地。

王子朝告诸侯之辞　昭公二十六年

昔武王克殷，成王靖四方，康王息民，并建母弟，以蕃屏周，亦曰："吾无专享文、武之功，且为后人之迷败倾覆，而溺入于难，则振救之。"至于夷王①，王愆②于厥身，诸侯莫不并走其望，以祈王身③。至于厉王，王心戾虐，万民弗忍，居王于彘。诸侯释位，以间王政④。宣王有志，而后效官。至于幽王，天不吊周，王昏不若，用愆厥位。携王奸命，诸侯替之，而建王嗣，用迁郏鄏⑤。则是兄弟之能用力于王室也。至于惠王，天不靖周，生颓⑥祸心，施于叔带⑦。惠、襄避难，越去王都。则有晋、郑咸黜不端⑧，以绥定王家。则是兄弟之能率先王之命也。

在定王六年，秦人降妖，曰："周其有颓⑨王，亦克能修其职，诸侯服享，二世共职。王室其有间王位，诸侯不图，而受其乱灾⑩。"至于灵王，生而有颓。王甚神圣，无恶于诸侯。灵王、景王，克终其世。

今王室乱，单旗⑪、刘狄，剥乱天下，壹行不若，谓："先王何常之有？唯余心所命⑫，其谁敢讨之！"帅群不吊之人，以行乱于王室。侵欲无厌，规求无度，贯渎鬼神，慢弃刑法，倍奸齐盟，傲很威仪，矫诬先王⑬。晋为不道，是摄是赞，思肆其罔极。兹不谷震荡播越。窜在荆蛮，未有攸底。若我一二兄弟甥舅，奖顺天法，无助狡猾，以从先王之命，毋速天罚，赦图不谷⑭，则所愿也。敢尽布其腹心，及先王之经。而诸侯实深图之。

昔先王之命曰：王后无适，则择立长。年钧以德，德钧以卜⑮，王不立爱，公卿无私，古之制也。穆后及太子寿早夭即世，单、刘赞私立少，以间先王，亦唯伯仲叔季图之。

【注释】

①夷王：厉王父。

②愆：恶疾。

③"诸侯莫不"二句：诸侯莫不遍走祷祀群望之神，以祈王疾之瘳。

④诸侯释位，以间王政：间，犹与。指去其位，与治王之政事。

⑤"携王"四句：携王，幽王少子伯服，王嗣宜臼，王幸褒姒，生伯服，欲立之，而杀太子。太子奔申，申伯及西戎伐周，战于戏。幽王死，诸侯废

伯服而立宜臼，是为平王，东迁郏鄏。

⑥颓：惠王庶叔，庄公十九年作乱。

⑦叔带：襄王弟，僖公二十四年作难。

⑧晋、郑咸黜不端：谓晋文杀叔带，郑厉杀子颓，为王室去不端之人。

⑨颐：口上须。

⑩间王位……受乱灾：间王位，谓子朝；受乱灾，指楚国，在子朝则以为晋。

⑪单旗：单旗，穆公。

⑫唯余心所命：唯我心所欲，则命以为君。

⑬傲很威仪，矫诬先王：傲惰暴戾，以为一身之威仪，矫诈诬罔，以奸先王之命令。

⑭赦图不谷：不谷，子朝自谓。谓赦其忧，而图其难。

⑮"年钧以德"二句：言王后若无嫡子，则择庶子之长者而立之。年同则论其德之厚薄，德同则论其卜之吉凶。

晋郑铁之战　哀公二年

六月，乙酉，晋赵鞅纳卫太子于戚。宵迷①，阳虎曰："右河而南②，必至焉。"使太子绖③，八人衰绖，伪自卫逆者。告于门，哭而入，遂居之。

秋，八月，齐人输范氏粟④，郑子姚、子般⑤送之。士吉射逆之，赵鞅御之，遇于戚。阳虎曰："吾车少，以兵车之旆⑥，与罕、驷兵车先陈。罕、驷自后随而从之。彼见吾貌，必有惧心。于是乎会之。必大败之。"从之。卜战，龟焦⑦。乐丁曰："《诗》曰：'爰始爰谋。爰契我龟。'谋协以故，兆询可也。"简子誓曰："范氏、中行氏，反易天明⑧，斩艾百姓，欲擅晋国而灭其君。寡君恃郑而保焉。今郑为不道，弃君助臣，二三子顺天明，从君命，经德义，除诟耻，在此行也。克敌者，上大夫受县，下大夫受郡⑨，士田十万，庶人工商遂⑩，人臣隶圉免⑪。志父⑫无罪，君实图之。若其有罪，绞缢以戮，桐棺三寸，不设属辟⑬，素车朴马，无入于兆⑭，下卿之罚也。"

甲戌，将战。邮无恤⑮御简子，卫太子为右，登铁⑯上，望见郑师众，太子惧，自投于车下。子良授太子绥而乘之，曰："妇人也。"简子巡列，曰："毕万⑰，匹夫也。七战皆获，有马百乘，死于牖下。群子勉之，死不在寇。"

繁羽御赵罗，宋勇为右，罗无勇，麋之⑱。吏诘之，御对曰："疷作而伏⑲。"卫太子祷曰："曾孙蒯聩敢昭告皇祖文王，烈祖康叔，文祖襄公：郑胜乱从⑳，晋午在难㉑，不能治乱，使鞅讨之，蒯聩不敢自佚，备持矛焉。敢告：无绝筋，无折骨，无面伤，以集大事，无作三祖羞。大命不敢请，佩玉不敢爱。"郑人击简子，中肩，毙㉒于车中，获其蜂旗。太子救之以戈，郑师北，获温大夫赵罗。太子复伐之，郑师大败，获齐粟千车。赵孟喜曰："可矣。"傅傁曰："虽克郑，犹有知在㉓，忧未艾也。"

初，周人与范氏田，公孙庞税焉。赵氏得而献之，吏请杀之。赵孟曰："为其主也，何罪？"止而与之田。及铁之战，以徒五百人宵攻郑师，取蜂旗于子姚之幕下，献曰："请报主德。"追郑师。姚、般、公孙林殿而射，前列多死。赵孟曰："国无小。"既战，简子曰："吾伏弢呕血，鼓音不衰，今日我上也。"太子曰："吾救主于车，退敌于下。我，右之上也。"邮良曰："我两靷将绝，吾能止之。我，御之上也。"驾而乘材㉔，两靷皆绝。

【注释】

①宵迷：夜行迷路。

②右河而南：是时河北流过元城界，戚在河外。晋军已渡河，故欲出河右而南。

③簀：始发丧之服。

④齐人输范氏粟：范氏久居朝歌，粮食不足，故齐以粟输之。

⑤子姚、子般：子姚名罕达，子般名驷弘。

⑥以兵车之斾：斾，先驱车，以先驱车益以兵车以示众。

⑦龟焦：兆不成。

⑧反易天明：反易天之明德，不事其君。

⑨受县、受郡：《周书·作洛篇》："千里百县，县有四郡。"

⑩遂：得遂进仕。

⑪免：去此差役。

⑫志父：赵简子之别名。

⑬属辟：棺之重数。

⑭兆：葬域。

⑮邮无恤：王良。

⑯铁：丘名。

⑰毕万：晋献公卿。

⑱縻之：束缚之。

⑲疟作而伏：谓疟疾作而伏，故束缚之。

⑳郑胜乱从：胜，郑声公名，释君助臣，为从于乱。

㉑晋午在难：午，晋定公名。国有叛臣为在难。

㉒毙：踣。

㉓知在：称有知氏在，将致祸患。

㉔驾而乘材：谓驾车马而载细小之横木。

《公羊传》精华

【著录】

  《公羊传》是"春秋三传"的一"传"，解释《春秋》之书，用答问的方式阐发《春秋》的微言大义，亦为儒经之一。原称《春秋公羊传》或《公羊春秋》。

  《公羊传》相传为战国时公羊高所撰，公羊高是孔子的弟子子夏的门生，故称"公羊传。"最初仅是公羊高讲释《春秋》的奥理要义，传布于世，汉初才成书。汉景帝时，公羊高的第四代即他的玄孙公羊寿和他的学生胡母生（子都）共同著录成书。《公羊传》今所见本共十一卷，自鲁隐公元年（前722），到鲁哀公十四年（前481）。从历史角度来看，它的史事记载比较简略，史料价值不高，历代今文经学家时常用它作为议论政治的工具。它能使我们加深对经的章句理解，对了解先秦时代的名物和礼仪制度有重要的价值。是研究战国、秦、汉时代儒家思想的重要资料，如提供了"井田制""初税亩"等制度的原始资料。

  历代为《公羊传》作注的学者甚多。主要有东汉何休的《春秋公羊解诂》，由唐朝的徐彦将其疏证以后，被收编于《十三经注疏》之中。此外，还有刘逢禄的《公羊何氏解诂笺》《公羊何氏释例》以及清代陈立的《公羊义疏》。

元年春王正月　　隐公元年

  "元年，春王正月。"元年者何？君之始年也。春者何？岁之始也。

王者孰谓？谓文王也。曷为先言王而后言正月？王正月也。何言乎王正月？大一统也。公何以不言即位？成公意也。何成乎公之意？公将平国①而反之桓。曷谓反之桓？桓幼而贵，隐长而卑。其为尊卑也微，国人莫知。隐长又贤，诸大夫扳②隐而立之。隐于是焉而辞立，则未知桓之将必得立也。且如桓立，则恐诸大夫之不能相幼君也。故凡隐之立，为桓立也。隐长又贤，何以不宜立？立嫡以长不以贤，立子以贵不以长③。桓何以贵？母贵也。母贵则子何以贵？子以母贵④，母以子贵。

【注释】

①平国：平治其国。

②扳：同"攀"，援引。

③立子以贵不以长：《礼》："嫡夫人无子立右媵，右媵无子立左媵。"

④母贵：桓母，右媵。

宋督弑其君与夷及其大夫孔父 　桓公二年

"二年，春王正月，戊申，宋督弑其君与夷及其大夫孔父。""及"者何？累也。弑君多矣，舍此无累者乎？曰：有。仇牧①、荀息②皆累也。舍仇牧、荀息无累者乎？曰：有。有则此何以书？贤也。何贤乎孔父？孔父可谓义形于色矣。其义形于色奈何？督将弑殇公，孔父生而存，则殇公不可得而弑也。故于是先攻孔父之家，殇公知孔父死，己必死，趋而救之，皆死焉。孔父正色而立于朝，则人莫敢过而致难于其君者，孔父可谓义形于色矣。

【注释】

①仇牧：宋大夫。宋万弑闵公，牧手剑而叱之，为万所害。

②荀息：晋公族，食邑于荀，故以为氏，字叔。

纪侯大去其国 　庄公四年

纪侯大去其国。大去者何？灭也。孰灭之？齐灭之。曷为不言齐灭之？

为襄公讳也。《春秋》为贤者讳，何贤乎襄公？复仇也。何仇尔？远祖也。哀公亨乎周，纪侯谮之，以襄公之为于此焉者，事祖祢之心尽矣。尽者何？襄公将复仇乎纪，卜之曰："师丧分焉[1]。""寡人死之，不为不吉也。"远祖者，几世乎？九世矣。九世犹可以复仇乎？虽百世可也。家亦可乎？曰：不可。国何以可？国君一体也[2]，先君之耻，犹今君之耻也。今君之耻，犹先君之耻也。国君何以为一体？国君以国为体，诸侯世，故国君为一体也。

今纪无罪，此非怒与[3]？曰：非也。古者有明天子，则纪侯必诛，必无纪者。纪侯之不诛，至今有纪者，犹无明天子也。古者诸侯必有会聚之事，相朝聘之道，号辞必称先君以相接，然则齐、纪无说[4]焉，不可以并立乎天下，故将去纪侯者，不得不去纪也。有明天子，则襄公得为若行乎？曰：不得也。不得则襄公曷为为之？上无天子，下无方伯[5]，缘恩疾者可也。

【注释】

① 师丧分焉：军队丧亡一半。

② 国君一体也：谓国家与君王合为一体，如齐侯，虽百世，犹称齐侯。

③ 非怒与：怒，迁怒。

④ 无说：说，同"悦"。无说，无怿。

⑤ 方伯：一方诸侯之长。

公及齐人狩于郜　庄公四年

"冬，公及齐人狩[1]于郜。"公曷为与微者狩？齐侯也。齐侯，则其称人何？讳与仇狩也。前此者有事矣，后此者有事矣，则曷为独于此焉讥？于仇者将壹讥而已，故择其重者而讥焉，莫重乎其与仇狩也。于仇者则曷为将壹讥而已？雠者无时焉可与通，通则为大讥。不可胜讥，故将壹讥而已。其余从同同[2]。

【注释】

① 狩：冬猎。

②同同：从其事之同者，则同讯。

公会齐侯盟于柯　庄公十三年

"冬，公会齐侯盟于柯。"何以不日①？易也。其易奈何？桓之②盟不日，其会不致，信之也。其不日何以始乎此？庄公将会乎桓，曹子进曰："君子之意何如③？"庄公曰："寡人之生则不若死矣④。"曹子曰："然则君请当其君，臣请当其臣。"庄公曰："诺。"

于是会乎桓，庄公升坛，曹子手剑而从之，管子进曰："君何求乎？"曹子曰："城坏压竟⑤，君不图与⑥？"管子曰："然则君将何求？"曹子曰："愿请汶阳⑦之田。"管子顾曰："君许诺。"桓公曰："诺。"曹子请盟，桓公下与之盟。已盟，曹子摽⑧剑而去之。

要盟可犯⑨，而桓公不欺，曹子可仇⑩，而桓公不怨，桓公之信，著乎天下，自柯之盟始焉。

【注释】

①不日：意谓不书日期。

②"桓之盟"二句：谓凡与桓公盟，皆不书日期，因每遇其会，即不甚致其信仰之心。

③曹子进曰："君子之意何如"：曹子，曹沫；进，前。曹子见庄将会，有惭色，故问之。

④寡人之生则不若死矣：自伤与齐为仇而不能复，故曰生不若死。

⑤城坏压竟：言齐数侵鲁取邑。

⑥君不图与：图，计。似谓君不当计侵鲁太甚吗？

⑦汶阳：鲁地之被齐侵者，故城在今山东宁阳县。

⑧摽：辟。

⑨要盟可犯：臣约束君曰要。强见要胁而盟尔，故称可犯。

⑩可仇：指以臣劫君，罪可仇。

公子牙卒 庄公三十二年

"秋，七月，癸巳，公子牙卒。"何以不称弟？杀也。杀则曷为不言刺？为季子①讳杀也。曷为为季子讳杀？季子之遏②恶也。不以为国狱③，缘季子之心而为之讳。季子之遏恶奈何？庄公病将死，以病召季子，季子至，而授之以国政，曰："寡人即不起此病，吾将焉致乎鲁国？"季子曰："般也存，君何忧焉？"公曰："庸得若是乎？牙谓我曰：'鲁一生一及④，君已知之矣，庆父也存⑤。'"季子曰："夫何敢？是将为乱乎？夫何敢？"

俄而牙弑械成⑥，季子和药而饮之⑦，曰："公子从吾言而饮此，则必可以无为天下戮笑，必有后乎鲁国；不从吾言，而不饮此，则必为天下戮笑，必无后乎鲁国。"于是从其言而饮之，饮之无傫氏，至乎王堤而死。

公子牙今将尔⑧，辞曷为与亲弑者同？君亲无将，将而诛焉。然则善之与？曰：然。杀世子母弟，直称君者，甚之也。季子杀母兄，何善尔？诛不得辟兄，君臣之义也。然则曷为不直诛而鸩之？行诛乎兄，隐而逃之，使托若以疾死然，亲亲之道也。

【注释】

①季子：季友，庄公母弟，也叫成季。

②遏：止。

③不以为国狱：称不就狱致其刑。

④一生一及：父死子继曰生，兄死弟继曰及。

⑤庆父也存：时庄公以为牙欲立庆父。

⑥弑械成：言弑君之兵械已成，但事未行。

⑦饮之：指以毒药与公子牙饮。

⑧今将尔：指今将欲杀而未果杀。

晋赵盾卫孙免侵陈 宣公六年

"六年，春，晋赵盾、卫孙免侵陈。"赵盾弑君，此其复见何？亲弑君者赵穿也。亲弑君者赵穿，则曷为加之赵盾？不讨贼也。何以谓之不讨贼？晋史书贼曰："晋赵盾弑其君夷獋。"赵盾曰："天乎无辜，吾不弑君，谁谓吾弑君者乎？"史曰："尔为仁为义，人弑尔君，而复国不讨贼，此非弑君而何？"

赵盾之复国奈何？灵公为无道，使诸大夫皆内朝①，然后处乎台上，引弹而弹之，已②趋而辟丸，是乐③而已矣。赵盾已朝而出，与诸大夫立于朝，有人何畚④自闺⑤而出者，赵盾曰："彼何也？夫畚曷为出乎闺？"呼之⑥不至，曰："子大夫也，欲视之，则就而视之⑦。"赵盾就而视之，则赫然死人也，赵盾曰："是何也？"曰："膳宰也，熊蹯⑧不熟，公怒，以斗擎⑨而杀之，支解，将使我弃之。"赵盾曰："嘻！"趋而入，灵公望见赵盾，愬而再拜⑩，赵盾逡巡，北面再拜稽首⑪，趋而出⑫，灵公心怍焉⑬，欲杀之。

于是使勇士某者往杀之，勇士入其大门，则无人门焉者，入其闺，则无人闺焉者，上其堂，则无人焉，俯而窥其户，方食鱼飧。勇士曰："嘻！子诚仁人也，吾入子之大门，则无人焉，入子之闺，则无人焉，上子之堂，则无人焉，是子之易⑭也。子为晋国重卿，而食鱼飧，是子之俭也。君将使我杀子，吾不忍杀子也，虽然，吾亦不可复见吾君矣。"遂刎颈而死。

灵公闻之，怒，滋欲杀之甚。众莫可使往者，于是伏甲于宫中，召赵盾而食之。赵盾之车右祁弥明者，国之力士也，仡然⑮从乎赵盾而入，放乎堂下而立。赵盾已食，灵公谓盾曰："吾闻子之剑，盖利剑也，子以示我，吾将观焉。"赵盾起，将进剑，祁弥明自下呼之曰："盾食饱则出，何故拔剑于君所？"赵盾知之，躇⑯阶而走。灵公有周狗⑰谓之獒，呼獒而属之，獒亦躇阶而从之，祁弥明逆而踆⑱之，绝其颔。赵盾顾曰："君之獒不若臣之獒也。"然而宫中甲鼓而起，有起于甲中者，抱赵盾而乘之，赵盾顾曰："吾何以得此于子⑲？"曰："子某时所食活我于暴桑⑳下者也。"赵盾曰："子名为谁？"曰："吾君孰为介㉑？子之乘矣，何问吾名㉒？"赵盾驱而出，众无留之者㉓。

赵穿缘民众不说，起弑灵公，然后迎赵盾而入，与之立于朝，而立成公黑臀。

【注释】

①内朝：礼，公族朝于内朝。朝诸大夫，非礼。

②已：诸大夫。

③是乐：以是为笑乐。

④何畚：何，负；畚，草器。

⑤闱：宫门之小者。

⑥呼之：怪而呼，欲问之。

⑦则就而视之：就，往。往荷畚者处审视之。

⑧蹯：兽足。

⑨挈：谓旁击头顶。

⑩愬而再拜：愬者，惊貌。礼，臣拜然后君答拜。灵公先拜者，畚出盾入。

⑪稽首：头触地谓稽首，头至手谓拜手。

⑫趋而出：本欲谏君，君以拜谢知己意，冀当觉悟，故出。

⑬心怍焉：惭盾知己意。

⑭易：省。

⑮仡然：壮勇貌。

⑯躇：犹超遽不暇以次。

⑰周狗：獒名。犬之大者曰獒。

⑱踰：以足逆蹋曰踰。

⑲吾何以得此于子：犹谓吾何以得此救急之恩于子邪？

⑳暴桑：蒲苏桑。

㉑吾君孰为介：介，甲。犹谓我晋君为谁兴此甲兵，难道不为盾吗？

㉒"子之乘矣"二句：谓子已上车，何不疾去而反徐问吾名？

㉓众无留之者：明众人不忍杀盾。

吴子使札来聘　襄公二十九年

　　"吴子使札来聘。"吴无君无大夫，此何以有君有大夫？贤季子也。何贤乎季子？让国也。其让国奈何？谒也，余祭也，夷昧也，与季子同母者四。季子弱而才，兄弟皆爱之，同欲立之以为君？谒曰："今若是迮①而与季子国，季子犹不受也。请无与子而与弟。弟兄迭为君，而致国乎季子。"皆曰："诺。"故诸为君者，皆轻死为勇，饮食必祝曰："天苟有吴国，尚速有悔于予身！"故谒也死，余祭也立；余祭也死，夷昧也立；夷昧也死，则国宜之季子者也。季子使而亡焉。僚[2]者，长庶也，即之。季子使而反，至而君之尔。

阖庐[3]曰："先君之所以不与子国而与弟者，凡为季子故也。将从先君之命与，则国宜之季子者也。如不从先君之命与，则我宜立者也。僚恶得为君乎？"于是使专诸刺僚，而致国乎季子。季子不受，曰："尔弑吾君，吾受尔国，是吾与尔为篡也。尔杀吾兄，吾又杀尔，是父子兄弟相杀，终身无已也。"去之延陵[4]，终身不入吴国。故君子以其不受为义，以其不杀为仁。

贤季子，则吴何以有君有大夫？以季子为臣，则宜有君者也。札者何？吴季子之名也。《春秋》贤者不名，此何以名？许夷狄者，不壹而足也。季子者，所贤也，曷为不足乎季子？许人臣者必使臣，许人子者必使子也。

【注释】

①迮：慌张而起。

②僚：余昧子，一作寿梦庶子。

③阖庐：即公子光，谒之长子。

④延陵：地名，今江苏常州市武进区。

冬十有一月庚午蔡侯以吴子及楚人战于伯莒楚师败绩

定公四年

"冬，十一月，庚午，蔡侯以吴子及楚人战于伯莒，楚师败绩。"吴何以称子？夷狄也，而忧中国。其忧中国奈何？伍子胥父诛乎楚，挟弓而去楚，以干阖庐，阖庐曰："士之甚[1]，勇之甚，将为之兴师而复仇于楚。"伍子胥复曰："诸侯不为匹夫兴师，且臣闻之，事君犹事父也，亏君之义，复父之仇，臣不为也。"于是止。

蔡昭公朝乎楚，有美裘焉。囊瓦求之，昭公不与，为是拘昭公于南郢，数年然后归之。于其归焉，用事乎河，曰："天下诸侯苟有能伐楚者，寡人请为之前列。"楚人闻之，怒，为是兴师，使囊瓦将而伐蔡。蔡请救于吴，伍子胥复曰："蔡非有罪也，楚人为无道，君如有忧中国之心，则若时可矣②。"于是兴师而救蔡。

　　曰：事君犹事父也。此其为可以复仇奈何？曰：父不受诛③，子复仇可也。父受诛，子复仇，推刃④之道也，复仇不除害⑤。朋友相卫而不相迿⑥，古之道也。

【注释】

　　①士之甚：谓以为贤士之甚。

　　②则若时可矣：这时可以兴师了。

　　③不受诛：罪不当诛。

　　④推刃：一往一来曰推刃。

　　⑤复仇不除害：取仇身而已，不虑其子之为害而兼除之。

　　⑥迿：先，不当先相击刺，所以伸孝子之恩。

齐阳生入于齐，齐陈乞弑其君舍　哀公六年

　　"齐阳生入于齐。齐陈乞弑其君舍。"弑而立者不以当国之辞言之，此其以当国之辞言之何？为谖①也。此其为谖奈何？景公谓陈乞曰："吾欲立舍何如？"陈乞曰："所乐乎为君者，欲立之则立之，不欲立则不立。君如欲立之，则臣请立之。"阳生谓陈乞曰："吾闻子盖将不欲立我也。"陈乞曰："夫千乘之主将废正而立不正，必杀正者，吾不立子者，所以生子者也，走矣！"与之玉节②而走之。

　　景公死，而舍立，陈乞使人迎阳生，于诸③其家。除景公之丧，诸大夫皆在朝，陈乞曰："常之母④有鱼菽之祭⑤，愿诸大夫之化我也。"诸大夫皆曰："诺。"于是皆之陈乞之家，坐，陈乞曰："吾有所为甲，请以示焉。"诸大夫皆曰："诺。"于是使力士举臣囊而至于中溜⑥。诸大夫见之，皆色然而骇，开之，则阊⑦然公子阳生也。陈乞曰："此君也已。"诸大夫不得已，皆逡巡北面再拜稽首而君之尔。自是往弑舍。

【注释】

　　①谖：虚诈。

②玉节：古人示信之物曰节，以玉为之曰玉节。

③于诸：置于。

④常之母：常，陈乞子。

⑤鱼菽之祭：春秋祭其祖祠。《盐铁论》作鱼椒。

⑥中溜：中室。

⑦闿：出头貌。

宋人及楚人平　宣公十五年

"夏五月，宋人及楚人平。"外平不书，此何以书？大其平乎已①也。何大其平乎已？庄王围宋，军有七日之粮尔，尽此不胜，将去而归尔。于是使司马子反乘堙而窥宋城，宋华元亦乘堙而出见之。司马子反曰："子之国何如？"华元曰："惫矣！"曰："何如？"曰："易子而食之，析骸而炊之。"司马子反曰："嘻，甚矣惫！虽然，吾闻之也，围者柑马而秣之②，使肥者应客，是何子之情也③？"华元曰："吾闻之，君子见人之厄，则矜之；小人见人之厄，则幸之。吾见子之君子也，是以告情于子也。"司马子反曰："诺。勉之矣！吾军亦有七日之粮尔。尽此不胜，将去而归尔。"揖而去之。

反于庄王。庄王曰："何如？"司马子反曰："惫矣！"曰："何如？"曰："易子而食之，析骸而炊之。"庄王曰："嘻，甚矣惫！虽然，吾今取之，然后而归尔。"司马子反曰："不可。臣已告之矣，军有七日之粮尔。"庄王怒曰："吾使子往视之，子曷为告之？"司马子反曰："以区区之宋，犹有不欺人之臣，可以楚而无乎？是以告之也。"庄王曰："诺。舍而止！虽然，吾犹取此，然后归尔。"司马子反曰："然则君请处于此，臣请归尔。"庄王曰："子去我而归，吾孰与处于此？吾亦从子而归尔。"引师而去之。故君子大其平乎已也。此皆大夫也，其称人何？贬。曷为贬？平者在下也。

【注释】

①大其平乎已：指大其有仁人之心。

②柑马而秣之：秣者，以粟置马口中；柑者，以木衔马口，不欲令食粟，示有积蓄。

③是何子之情也：谓何大露真情。

《谷梁传》精华

【著录】

　　《谷梁传》儒经之一，原称《春秋谷梁传》或《谷梁春秋》，专门阐释《春秋》，与《左传》《公羊传》合称"春秋三传"。相传为孔子弟子子夏的学生、鲁国人谷梁赤所撰。最初由谷梁赤口述《春秋经》每条之深刻含义，流传下来，到西汉初年成书，故名《谷梁传》。

　　它的体例既有别于《左传》的讲史，又有别于《公羊传》的疏证，它偏重于对《春秋》的逐条奥义加以解释。内容自鲁隐公元年（前722），至鲁哀公十四年（前481），现存《谷梁传》共十一卷，体裁与《公羊传》相近，是研究春秋战国和秦汉间儒家思想的珍贵资料。如宣扬儒家的"仁、义、礼、智、信"，并把它们作为社会行为的准则。

　　《谷梁传》的注本也较多，主要有晋代范宁的《春秋谷梁传集解》，唐代杨士勋的《春秋谷梁传疏》（二书合编为一，收入《十三经注疏》），清代钟文烝的《春秋谷梁传补注》，近代人廖平的《谷梁古义疏》等。

元年春王正月　　隐公元年

　　"元年，春王正月。"虽无事，必举正月，谨始①也。公何以不言即位？成公志②也。焉成之？言君之不取为公③也。君之不取为公何也？将以让桓也，让桓正乎？曰：不正。《春秋》成人之美，不成人之恶。隐不正，而成之何也？将以恶桓也。其恶桓何也？隐将让而桓弑之，则桓恶矣。

桓弑而隐让，则隐善矣。善则其不正焉，何也？《春秋》贵义④而不贵惠，信道而不信邪。孝子扬父之美，不扬父之恶。先君之欲与桓，非正也，邪也，虽然，既胜其邪心以与隐⑤矣。已探先君之邪志而遂以与桓，则是成父之恶也。兄弟，天伦也，为子受之父，为诸侯受之君，已废天伦，而忘君父，以行小惠，曰小道也。若隐者，可谓轻千乘之国，蹈道则未也。

【注释】

①谨始：谨君即位开始。

②公志：志在以位授桓。

③不取为公：谓隐公之意，不取为鲁君。

④贵义：指贵天地之正义。

⑤既胜其邪心以与隐：指归之于隐，是正道胜邪心。

郑伯克段于鄢　隐公元年

"夏，五月，郑伯克段于鄢①。"克者何？能也。何能也？能杀也。何以不言杀？见段之有徒众也。

段，郑伯弟也。何以知其为弟也？杀世子、母弟目君②，以其目君，知其为弟也。段，弟也而弗谓弟，公子也而弗谓公子，贬之也。段失子弟之道矣。贱段而甚郑伯也。何甚乎郑伯？甚郑伯之处心积虑，成于杀也。于鄢，远也，犹曰取之其母之怀中而杀之云尔，甚之也。然则为郑伯者，宜奈何？缓追逸贼，亲亲之道也。

【注释】

①鄢：地名，今河南鄢陵县境。

②目君：目，称。目君，谓称郑伯。

武氏子来求赙　隐公三年

"秋，武氏子来求赙。"武氏子者何也？天子之大夫也。天子之大夫，其称武氏子何也？未毕丧[1]，孤未爵，未爵使之，非正也。其不信使，何也？无君[2]也。归死者曰赗，归生者曰赙，曰归之者正也，求之者非正也。周虽不求，鲁不可以不归，鲁虽不归，周不可以求之，求之为言，得不得未可知之辞也。交讥之。

【注释】

①丧：平王之死。

②无君：桓王在丧，未即位，故曰无君。

秋八月诸侯盟于首戴　僖公五年

　　"公及齐侯、宋公、陈侯、卫侯、郑伯、许男、曹伯会王世子于首戴。"及以会[1]，尊之也。何尊焉？王世子云者，唯王之贰也，云可以重之存焉，尊之也，何重也？天子世子，世天下也。

　　"秋八月，诸侯盟于首戴。"无中事，而复举诸侯，何也？尊王世子，而不敢与盟也。尊则其不敢与盟，何也？盟者，不相信也，故谨信也，不敢以所不信而加之尊者。桓，诸侯也，不能朝天子，是不臣也。王世子，子也，块然受诸侯之尊己，而立乎其位，是不子也。桓不臣，王世子不子，则其所善焉何也？是则变之正[2]也。天子微，诸侯不享觐，桓控大国，扶小国，统诸侯，不能以朝天子，亦不敢致大王，尊王世子于首戴，乃所以尊天王之命也。世子含王命会齐桓，亦所以尊天王之命也。世子受之可乎？是亦变之正也。天子微，诸侯不享觐，世子受诸侯之尊己，而天王尊矣，世子受之可也。

【注释】

①及以会：说与诸侯之后会王世子，不敢令世子与诸侯齐列。

②变之正：虽非礼之正，而实合当时之宜，故称变之正。

晋杀其大夫里克　僖公十年

"晋杀其大夫里克。"称国以杀，罪累上也。里克弑二君与一大夫，其以累上之辞言之，何也？其杀之不以其罪也。其杀之不以其罪奈何？里克所为弑者，为重耳[1]也。夷吾曰："是又将杀我乎？"故杀之，不以其罪也。

其为重耳弑奈何？晋献公伐虢，得丽姬，献公私之，有二子，长曰奚齐，稚曰卓子。丽姬欲为乱[2]，故谓君曰："吾夜者梦夫人趋而来，曰：'吾苦畏，胡不使大夫将卫士而卫家乎？'"公曰："孰可使？"曰："臣莫尊于世子，则世子可。"故君谓世子曰："丽姬梦夫人趋而来，曰：'吾苦畏，女其将卫士而往卫家乎？'"世子曰："敬诺。"筑宫，宫成。丽姬又曰："吾夜者梦夫人趋而来，曰：'吾苦饥。'世子之宫已成，则何为不使祠也？"故献公谓世子曰："其祠。"世子祠。

已祠，致福于君，君田而不在，丽姬以鸩为酒，药脯以毒。献公田来，丽姬曰："世子已祠，故致福于君。"君将食，丽姬跪曰："食自外来者，不可不试也。"覆酒于地，而地赍[3]；以脯与犬，犬死，丽姬下堂而啼，呼曰："天乎！天乎！国，子之国也，子何迟于为君？"君喟然叹曰："吾与女未有过切，是何与我之深也？"使人谓世子曰："尔其图之。"

世子之傅里克谓世子曰："入自明，入自明则可以生，不入自明则不可以生。"世子曰："吾君已老矣，已昏矣。吾若此而入自明，则丽姬必死，丽姬死，则吾君不安。所以使吾君不安者，吾不若自死。吾宁自杀以安吾君，以重耳为寄[4]矣。"刎脰而死。故里克所为弑者，为重耳也。夷吾曰："是又将杀我也。"

【注释】

①为重耳：杀奚齐、卓子者，欲以重耳为君。重耳，夷吾兄，文公。

②欲为乱：指杀申生而立其子。

③赍：沸起。

④重耳为寄：虑丽姬又谮重耳，故以托里克，使保全之。

五月甲午宋灾宋伯姬卒 襄公三十年

"五月甲午，宋灾，宋伯姬卒。"取卒之日加之灾上者，见以灾卒也。其见以灾卒奈何？伯姬之舍失火，左右曰："夫人少辟火乎？"伯姬曰："妇人之义，傅母①不在，宵不下堂。"左右又曰："夫人少辟火乎？"伯姬曰："妇人之义，保母②不在，宵不下堂。"遂逮③乎火而死。妇人以贞为行者也。伯姬之妇道尽矣。详其事，贤伯姬也。

【注释】

①傅母：辅其德义之妇女。

②保母：调养其身体之妇女。

③逮：及。

楚子蔡侯陈侯许男顿子胡子沈子淮夷伐吴执齐庆封杀之 昭公四年

"秋七月，楚子、蔡侯、陈侯、许男、顿子、胡子、沈子、淮夷伐吴，执齐庆封，杀之。"此入而杀，其不言入何也？庆封封乎吴钟离。其不言伐钟离何也？不与吴封也。庆封其以齐氏何也？为齐讨也。灵王使人以庆封令于军中曰："有若齐庆封弑其君者乎？"庆封曰："子一息，我亦且一言，曰：有若楚公子围弑其兄之子而代之为君者乎？"军人粲然①皆笑。

庆封弑其君而不以弑君之罪罪之②者，庆封不为灵王服也，不与楚讨也。《春秋》之义，用贵治贱，用贤治不肖，不以乱治乱也。孔子曰："怀恶而讨，虽死不服。"其斯之谓与！

【注释】

①粲然：盛笑貌。

②不以弑君之罪罪之：《传例》曰："称人以杀大夫为杀有罪，今杀庆封，经不称人，故谓不以弑君之罪罪之。"

《论语》精华

【著录】

《论语》是语录体的儒家经典之一。

它是孔子及其弟子的言行记录。

孔子（前551～前479），名丘，字仲尼，春秋时代鲁国陬邑（今曲阜）人。中国古代著名思想家、政治家、教育家。儒家学派创始人，对中国思想文化的发展影响深远。

孔子年轻时做过管仓库、掌畜牧的小吏，鲁定公时升任大都宰、大司寇（主理司法，与司徒、司马、司空三卿并列）。鲁定公十二年（前498），由"大司寇行摄相事"（《史记·孔子世家》）。但与当时鲁国掌权者政见不和便去周游列国，想在它国实现自己的政治理想。但不为时君所用。晚年归国，以整理文献教授门徒，删《诗》《书》，定《礼》《乐》，赞《周易》，修《春秋》终其一生。

《论语》内容广博，包括政治、经济、文学、教育、礼仪、哲学、天道观、认识论等，古代思想文化无所不包。

孔子的伦理观、教育思想完整地体现在《论语》中。其伦理观的核心是仁，实施贯彻仁的手段是礼。仁的内涵其一是爱人，其二是修己，表现为个人对道德的崇尚和完成。孔子主张"有教无类"，认为受教育应一视同仁，培养人才为统治阶级的"仁政""德治"效力，为政治改革创造条件。他的"诲人不倦"的教学态度，循循善诱、触类旁通、学思结合等灵活多样的教学方法在《论语》中有全面的论述。

《论语》语言冼炼，形象生动，成为语录体散文典范。它对后世思想和学术文化影响极大，受历代统治者推崇，成为学人必读之书和统治者言行的是非标准。它不单是研究儒家早期思想的珍贵资料，也是研究中国思想、文化、教育史的重要典籍。

《论语》编成于战国之初，传至汉代，出现《鲁论语》（二十篇）、《齐论语》（二十二篇）、《古文论语》（二十一篇）三种版本。东汉末年，郑玄以《鲁论语》作底本，参照其他两版本，编成新本《论语》，并加注。郑本被后人称为今文论语。后来注释《论语》的有三国时魏国何晏《论语集解》、南北朝梁代皇侃《论语义疏》，宋代邢昺《论语注疏》、朱熹《论语集注》，清代刘宝楠《论语正义》，近人杨树达《论语疏证》、杨伯峻《论语译注》。

学而时习之，不亦说乎

子[①]曰："学而时习[②]之，不亦说[③]乎？有朋[④]自远方来，不亦乐乎？人不知而不愠[⑤]，不亦君子乎？"

【注释】

①子：古人对男子的尊称。《论语》中"子曰"的"子"都是对孔子的称呼，义同"先生"。

②时习：按时温习。

③说：同"悦"。

④朋：古时同门为朋，同志为友。同门即同学。

⑤愠：怒。

其为人也孝弟，而好犯上者鲜矣

有子[①]曰："其为人也孝弟，而好犯上者，鲜[②]矣；不好犯上，而好作乱者，未之有也。君子务本，本立而道生。孝弟也者，其为仁之本与[③]！"

【注释】

①有子：孔子的学生，姓有，名若。

②鲜：少。

③与：同"欤"，语气词。

巧言令色，鲜矣仁

子曰："巧言令色①，鲜矣仁。"

【注释】

①令色：令，好、善；色，脸色。

吾日三省吾身

曾子①曰："吾日三省②吾身：为人谋而不忠乎？与朋友交而不信乎？传③不习乎？"

【注释】

①曾子：孔子的学生，名参，字子舆。

②三省：多次自我反省。"三"表示多次，不是实指。

③传：指老师传授的学业。

行有余力则以学文

子曰："弟子①入则孝，出则弟②，谨而信，泛爱众而亲仁③。行有余力，则以学文。"

【注释】

①弟子：指学生或年纪幼小的人。

②入则孝，出则弟："入"指"入父宫"，即到父母的房间里去；"出"

指"出己宫"，即走出自己的房间与兄弟相处。

③亲仁：亲近仁德的人。

贤贤易色

子夏①曰："贤贤易色②；事父母能竭其力；事君能致③其身；与朋友交言而有信。虽曰未学，吾必谓之学矣。"

【注释】

①子夏：孔子的学生，姓卜，名商，字子夏。

②贤贤易色：第一个"贤"字作动词。用尊重贤人来代替爱好美色，也就是尊重贤人超过喜爱美女。

③致：献。

君子不重则不威

子曰："君子不重则不威，学则不固。主忠信，无①友不如己者。过则勿惮②改。"

【注释】

①无：不要。

②惮：怕。

慎终追远

曾子曰："慎终①追远②，民德归厚矣。"

【注释】

①终：老死，指父母去世。

②远：祖先。

温良恭俭让

子禽①问于子贡②曰："夫子③至于是邦也，必闻其政。求之与？抑与之与？"子贡曰："夫子温、良、恭、俭、让以得之。夫子之求之也，其诸④异乎人之求之与？"

【注释】

①子禽：姓陈，名亢，字子禽。

②子贡：孔子的学生，姓端木，名赐，字子贡。

③夫子：古代对人的敬称，凡做过大夫者皆可称之。孔子曾做过鲁国的司寇，所以他的学生称他为夫子。后来也因此而沿袭称老师为夫子。

④其诸：推测的语气，相当于"大概""或者"的意思。

经

部

三年无改于父之道

子曰："父在观其①志，父没②观其行。三年无改于父之道，可谓孝矣。"

【注释】

①其：他的，这里指儿子，不是指父亲。

②没：死去，与"在"相对。

③三年：泛指多年。

礼之用，和为贵

有子曰："礼之用，和为贵。先王之道，斯①为美，小大由之。有所不行，知和而和，不以礼节②之，亦不可行也。"

【注释】

①斯：此，这。

②节：节制，约束。

敏于事而慎于言

子曰："君子食无求饱，居无求安，敏于事而慎于言，就有道①而正②焉，可谓好学也已。"

【注释】

①就有道：接近德才兼备的人。

②正：改正，修正。

贫而无谄，富而无骄

子贡曰："贫而无谄①，富而无骄，何如？"子曰："可也；未若贫而乐，富而好礼者也。"子贡曰："《诗》云：'如切如磋，如琢如磨。'②其斯之谓与？"子曰："赐也，始可与言《诗》已矣，告诸往而知来者。"

【注释】

①谄：取媚，奉承。

②如切如磋，如琢如磨：见《诗经·卫风·淇澳》。这两句诗有两种解释：一种认为切、磋、琢、磨分别指加工兽骨、象牙、玉、石头为器物的工艺，引申意义则指学者做学问和修身养性离开了切磋琢磨就不能成器。另一种解释则认为切、磋是指加工牙骨的工艺，切开了还得磋（锉平）；琢、磨是指加工玉石的工艺，琢（雕刻）了还得磨（磨光滑）。引申意义则指学者做学问和修养自己要精益求精。从本节上下文的意义来看，宜作精益求精的理解。

思无邪

子曰："《诗》三百①，一言以蔽②之，曰：'思无邪③。'"

【注释】

①《诗》三百：《诗》指《诗经》，《诗经》共有诗三百零五篇，这里说"三百"

是举其整数。

②蔽：概括。

③思无邪：原本是《诗经·鲁颂·駉》中的一句；孔子借来评论整部《诗经》。"思"在《駉》篇里本是无义的语首词，但孔子却引用它当"思想"解。

道之以政，齐之以刑

子曰："道①之以政，齐②之以刑，民免③而无耻。道之以德，齐之以礼，有耻且格④。"

【注释】

①道：通"导"，训导、引导、领导的意思。

②齐：整治。

③免：避免。

④格：至，来，引申为归服。

吾十有五而志于学

子曰："吾十有五①而志于学，三十而立②，四十而不惑③，五十而知天命④，六十而耳顺⑤，七十而从心所欲不逾矩。"⑥

【注释】

①十有五：有，同"又"，古人在整数和小一位的数字之间习惯用"有"字，而不用"又"字。"十有五"即"十五"，古人十五岁是入学的年龄。

②立：自立。

③不惑：不迷惑。

④天命：上天的意志，也指受上天主宰的人的命运。

⑤耳顺：耳朵通顺不逆。指人到了六十岁，善于听人之言，什么话都能够听得进去了，不像年轻气盛、血气方刚的年龄，只听得进好话，听不得坏话。

⑥从心所欲不逾矩：从心所欲即随心所欲，不逾矩指不会超越规矩。这

句话所描绘的实际上是一种自由的境界：一方面随心所欲，不再受这样那样的羁绊和役使；另一方面又不会超越法度和规矩，做出越轨的事来。常言道："人到七十古来稀。"大凡人到七十岁的古稀之年，所存欲望本已很少，因此可以达到自己适应外界事物的境地。

无　　违

孟懿子①问孝。子曰："无违。"

樊迟②御③，子告之曰："孟孙问孝于我，我对曰：'无违。'"樊迟曰："何谓也？"子曰："生，事之以礼；死，葬之以礼，祭之以礼。"

【注释】

①孟懿子：鲁国的大夫，又称孟孙。

②樊迟：孔子的学生，姓樊，名须，字子迟。

③御：驾车。

父母唯其疾之忧

孟武伯①问孝。子曰："父母唯其②疾之忧。"

【注释】

①孟武伯：孟懿子的儿子。

②其：第三人称代词，相当于"他的""他们的"。这里到底是代指父母还是儿女，历来有不同的理解。本书理解为代指儿女，这更符合孔子说话微言大义的特点。

由子问孝

子游①问孝。子曰："今之孝者，是谓能养。至于②犬马，皆能有养。不敬，何以别乎？"

【注释】

①子游：孔子的学生，姓言，名偃，字子游。

②至于：就连，就是，表示提到另一件事。

子夏问孝

子夏问孝。子曰："色难①。有事弟子②服其劳，有酒食先生馔③，曾④是以为孝乎？"

【注释】

①色难：态度好很难。色，脸色态度；难，困难。

②弟子：与下文"先生"相对，弟子指晚辈，先生指长辈。

③馔：吃喝。

④曾：副词，难道。

回也不愚

子曰："吾与回①言终日，不违②如愚。退而省其私③，亦足以发④。回也不愚！"

【注释】

①回：颜回，孔子最得意的学生，鲁国人，字子渊，所以又称颜渊。

②不违：不反对。

③退而省其私：退，散学，下课。省，观察。私，独处，此指颜回的独自钻研和实践。

④发：发挥。

视其所以，观其所由，察其所安

子曰："视其所以①，观其所由②，察其所安③。人焉廋④哉？人焉廋哉？"

【注释】

①视其所以：看他的所作所为。以，为。

②观其所由：考查他的经历。由，经历。

③察其所安：观察他的兴趣。安，指安于什么，不安于什么。

④廋：隐藏，隐瞒。

温故而知新

子曰："温故①而知新，可以为师矣。"

【注释】

①温故：温习旧知识，亦即"学而时习之"之意。

君子不器

子曰："君子不器①。"

【注释】

①器：器皿。工具。意谓成为、造就成通才。

先行，其言而后从之

子贡问君子。子曰："先行其言而后从之。"

君子周而不比

子曰："君子周①而不比②，小人比而不周。"

【注释】

①周：普遍。

②比：偏私。

学而不思则罔　思而不学则殆

子曰："学而不思则罔①，思而不学则殆②。"

【注释】

①罔：通"惘"，迷惘，无知的样子。

②殆：危险。

异　　端

子曰："攻①乎异端②，斯害也已③！"

【注释】

①攻：治，钻研。

②异端：指怪异的杂学邪说。

③也已：语气词连用，表示肯定。

知之为知之，不知为不知，是知也

子曰："由①！诲女②知之乎？知之为知之，不知为不知，是知也。"

【注释】

①由：即仲由，孔子的学生，字子路。

②诲女：诲，教诲，教导。女，同"汝"，你。

多闻阙疑

子张①学干禄②。子曰："多闻阙疑③，慎言其余，则寡尤④；多见阙殆⑤，慎行其余，则寡悔。言寡尤，行寡悔，禄在其中矣。"

【注释】

①子张：孔子的学生，姓颛孙，名师，字子张。

②干禄：干，求。禄，官吏的薪俸。干禄也就是求做官。

③阙疑：阙，同"缺"，保留的意思。阙疑即对有疑问的地方持保留态度。

④尤：错误。

⑤阙殆：殆与疑是同义词，阙疑和阙殆同意，是"互文"见义的写作手法。

何为则民服

哀公①问曰："何为则民服？"孔子对曰："举直错诸枉②，则民服；举枉错诸直，则民不服。"

【注释】

①哀公：鲁国国君，姓姬名蒋，鲁定公的儿子，在位二十七年（前494~466）。

②举直错诸枉：举，提拔。直，正直，这里指正直的人。错，同"措"，放置。诸，"之于"的合音。枉，与"直"相对，不正直，这里指不正直的人。

使民敬、忠以劝

季康子①问："使民敬、忠以②劝③，如之何？"子曰："临④之以庄，则敬；孝慈，则忠；举善而教不能，则劝。"

【注释】

①季康子：鲁国大夫，鲁哀公时的正卿，鲁国当时最有政治势力的人。

②以：这里作连词用，同"和"。

③劝：勤勉。

④临：莅临。

子奚不为政

或①谓孔子曰："子奚②不为政？"子曰："《书》③云：'孝乎惟孝，友于兄弟，施④于有政⑤。'是亦为政，奚其为为政？"

【注释】

①或：有人。

②奚：何，为什么。

③《书》：指《尚书》，下为古《尚书》佚文，今文《尚书》无。

④施：延及。

⑤有政：即政治，"有"字无意义，名词词头。

人而无信，不知其可也

子曰："人而无信，不知其可也！大车无輗，小车无軏①，其何以行之哉？"

【注释】

①大车无輗，小车无軏：古代用牛拉的车叫大车，用马拉的车叫小车。大车、小车都是把牲口套在车辕上，车辕前面有一道横木用于驾牲口，这道横木两头都有关键，輗就是大车横木的关键，軏就是小车横木的关键。车子没有这个关键，无法套住牲口，当然就不能行走了。

虽百世可知也

子张问："十世①可知也②？"子曰："殷因③于夏礼，所损益④可知也；周因于殷礼，所损益可知也。其或继周者，虽百世可知也。"

【注释】

①世：这里指代。

②也：同"耶"，疑问语气词。

③因：因袭，沿承。

④损益：减少与增加。

见义不为，无勇也

子曰："非其鬼①而祭之，谄②也；见义不为，无勇也。"

【注释】

①鬼：指死去的祖先。

②谄：谄媚。

是可忍，孰不可忍

孔子谓季氏①，"八佾②舞于庭，是可忍③也，孰不可忍也？"

【注释】

①季氏：指当时鲁国三大权门之一的季孙氏。

②八佾：古代乐舞的行列，一行八人叫一佾。按照周代礼制的规定，天子举行乐舞用八行人。叫八佾，诸侯用六佾，大夫只能用四佾。季氏为大夫，却用了八佾，这是对天子之礼的僭越。

③忍：忍心，指季氏。另一种理解为"容忍"，指孔子。

人而不仁，如礼何

子曰："人而不仁，如礼何①？人而不仁，如乐何？"

【注释】

①如礼何：拿礼怎么办，意即礼对他来说已无所谓了。下文"如乐何"义同。

林放问礼之本

林放^①问礼之本。子曰:"大哉问! 礼,与其奢也,宁俭; 丧,与其易^②也,宁戚^③。"

【注释】

①林放:鲁国人。

②易:弛,铺张。

③戚:哀伤。孔子本来是主张"哀而不伤",感情不过分的,但与其铺张浪费,就宁肯悲哀过度了。

君子无所争

子曰:"君子无所争。必也射^①乎! 揖让而升^②,下而饮^③。其争也君子。"

【注释】

①射:射箭。这里指射箭比赛,是古代的一种礼仪。

②揖让而升:揖,拱手作揖,古代的一种礼节。揖让而升是说在登堂比赛前先相互作揖表示谦让,然后才登堂比赛。

③下而饮:比赛结束堂饮酒互相祝贺。

文献不足故也

子曰:"夏礼,吾能言之,杞^①不足征^②也;殷礼,吾能言之,宋^③不足征也。文献^④不足故也。足,则吾能征之矣。"

【注释】

①杞:杞国,夏禹后代的封国,故城位于今河南杞县。

②征:证明。

③宋:宋国,商汤后代的封国,故城位于今河南商丘市。

④文献：与现代的"文献"一词只指历史事件有所不同。"文"相当于今天"文献"的概念，"献"即"贤"，指通晓历史的贤才。

祭神如神在

祭①如在，祭神如神在。子曰："吾不与②祭，如不祭。"

【注释】

①祭：这个"祭"指祭鬼（死去的祖先），与下句祭神对举。

②与：参与，参加。

问者不相亏

子入太庙①，每事问。或曰："孰谓鄹人之子②知礼乎？入太庙，每事问。"子闻之，曰："是礼也。"

【注释】

①太庙：太祖（开国之君）的庙。周公旦是鲁国的始封之君，所以，鲁国的太庙就是周公的庙。

②鄹人之子：指孔子，鄹又作陬，地名，即《史记·孔子世家》所说的"孔子生鲁昌平乡陬邑"的"陬"，是孔子的出生地。鄹人则指孔子的父亲叔梁纥，因为叔梁纥曾经做过鄹大夫，所以称为鄹人。

为力不同科

子曰："射不主皮①，为②力不同科③，古之道也。"

【注释】

①射不主皮：射，射箭，这里指比赛的射箭，而不是指战场上的射箭；皮，箭靶子。射不主皮指射箭不一定要射穿箭靶子，只要射中就可以了。

②为：因为。

③同科：同等。

乐而不淫，哀而不伤

子曰："《关雎》①，乐而不淫②，哀而不伤。"

【注释】

①《关雎》：《诗经》的第一篇，写男主人公追求心上人的忧思，并想象追求到以后的快乐。

②淫：不局限于现代仅指性行为的狭义，而取广义的解释，即过度的意思。

既往不咎

哀公问社①于宰我②。宰我对曰："夏后氏③以松，殷人以柏，周人以栗，曰：使民战栗。"子闻之曰："成事不说，遂事不谏，既往不咎④。"

【注释】

①社：土神。指社主，即土神的牌位，用木头制成。哀公问用什么木头做社主好。

②宰我：孔子的学生，名予，字子我。

③夏后氏：夏代。

④咎：追究。

尽善尽美

子谓《韶》①："尽美矣，又尽善②也。"谓《武》："尽美矣，未尽善也。"

【注释】

①《韶》：舜时的乐曲名。

③《武》：周武王时的乐曲名。

居上不宽

子曰："居上不宽，为礼不敬①，临丧不哀，吾何以观之哉？"

【注释】

①敬：严肃认真。如"敬业"，指对工作严肃认真。

里仁为美

子曰："里①仁为美。择不处②仁，焉得知③？"

【注释】

①里：名词动用，指居住。

②处：动词，与上文"里"同义。

③知：同"智"，《论语》的"智"都写作"知"。

仁者安仁，知者利仁

子曰："不仁者不可以久处约①，不可以长处乐。仁者安仁，知者利②仁。"

【注释】

①约：贫困。

②利：顺从。

唯仁者能好人

子曰："唯仁者能好①人，能恶②人。"

【注释】

①好：喜爱。

②恶：厌恶。

以其子妻之

子谓公冶长①，"可妻②也。虽在缧绁③之中，非其罪也。"以其子④妻之。

【注释】

①公冶长：孔子的学生，复姓公冶，名长。

②妻：作动词用，指把女子嫁给某人。

③缧绁：绑缚犯人的绳索，这里代指监狱。

④子：古时儿女都称子，这里指女儿。

邦有道，不废

子谓南容①，"邦有道，不废；邦无道，免于刑戮。"以其兄之子②妻之。

【注释】

①南容：孔子的学生，姓南宫，名适，字子容。

②兄之子：孔子的哥哥叫孟皮（《史记·孔子世家索隐》），先于孔子去世，所以孔子替他女儿主婚。

山川其舍诸

子谓仲弓①，曰："犁牛②之子骍且角③，虽欲勿用④，山川其舍诸⑤？"

【注释】

①仲弓：即冉雍，字仲弓。

②犁牛：耕牛。

③骍且角：骍，赤色，周朝以赤色为贵。角，指角长得很周正。

④勿用：指不用来作祭祀用的牺牛。古代祭祀不用耕牛，因此，耕牛不如牺牛贵重。

⑤其舍诸：其，同"岂"；诸，"之乎"二字的合音字。

其心三月不违仁

子曰："回也，其心三月①不违仁。其余则日月至焉而已矣。"

【注释】

①三月：与下文的"日月至焉"相对，"三月"指长期，不一定实指三个月，"日月至焉"指短时间，偶尔。

一箪食，一瓢饮

经部

子曰："贤哉，回也！一箪①食，一瓢饮，在陋巷，人不堪其忧，回也不改其乐。贤哉，回也！"

【注释】

①箪：古人盛饭的圆形竹器，类似筐。

力不足者，中道而废，今女画

冉求①曰："非不说子之道，力不足也。"子曰："力不足者，中道而废。今女画②。"

【注释】

①冉求：孔子的学生，字子有。

②画：画界为限，引申为止。

女得人焉尔乎

子游为武城宰①。子曰："女得人焉尔乎?"曰："有澹台灭明②者，行不由径，非公事，未尝至于偃③之室也。"

【注释】

①武城宰：武城的地方官，相当于武城县的县长。武城位于今山东费县西南。

②澹台灭明：姓澹台，名灭明，字子羽，武城人。

③偃：子游姓言，名偃，字子游。

非敢后也，马不进也

子曰："孟之反①不伐②。奔而殿③，将入门，策其马，曰：'非敢后也，马不进也。'"

【注释】

①孟之反：鲁国大夫，又称孟之侧。

②伐：自夸。

③殿：殿后，走在部队最后面。

难乎免于今之世矣

子曰："不有祝鮀①之佞②而有宋朝③之美，难乎免于今之世矣！"

【注释】

①祝鮀：卫国大夫，字子鱼。据《左传》记载，他很有口才。

②佞：口才。

③宋朝：指宋国的公子朝，以美貌著称。《左传》昭公二十年和定公十四年都有他因美貌而惹祸的记载。

文质彬彬，然后君子

子曰："质^①胜文^②则野，文胜质则史^③。文质彬彬^④，然后君子。"

【注释】

①质：质朴。

②文：文饰。

③史：虚浮不实。

④彬彬：相杂适中的样子。

人之生也直

子曰："人之生也^①直，罔^②之生也幸^③而免。"

【注释】

①也：语气词。

②罔：诬罔的人，邪恶的人。

③幸：侥幸。

知之者，乐之者

子曰："知之者不如好之者，好之者不如乐之者。"

语上也

子曰："中人以上，可以语上也；中人以下，不可以语上也。"

仁者先难而后获

樊迟问知。子曰："务民^①之义，敬鬼神而远之，可谓知矣。"问仁。

曰："仁者先难而后获，可谓仁矣。"

【注释】

①民：通"人"。

知者乐水，仁者乐山

子曰："知者乐水，仁者乐山；知者动，仁者静；知者乐，仁者寿。"

君子可折不可陷，可欺不可罔

宰我问曰："仁者，虽告之曰：'井有仁焉。'其从之也？"子曰："何为其然也？君子可逝①也，不可陷也；可欺也，不可罔②也。"

【注释】

①逝：通"折"，摧折。

②欺、罔：《孟子·万章上》说："君子可欺以其方，难罔以非其道。"所以，"欺"是指用合乎情理的话欺骗人；"罔"则是指用不合情理的话去愚弄人。

博学于文，约之以礼

子曰："君子博学于文，约之以礼，亦可以弗畔①矣夫！"

【注释】

①畔：同"叛"，指离经背道。

圣与仁

子贡曰："如有博施于民而能济众，何如？可谓仁乎？"子曰："何事于仁，必也圣乎！尧舜其犹病诸①！夫②仁者，己欲立而立人，己欲达而达人。能近取譬，可谓仁之方也已。"

【注释】

①病诸：病，不足。诸，"之乎"的合音。

②夫：发语词，在句首起提挈作用。

述而不作，信而好古

子曰："述而不作，信而好古，窃比于我老彭。"

【注释】

①我老彭："我"在此处表示亲切。老彭，商朝的贤大夫。

学而不厌，诲人不倦

子曰："默而识①之，学而不厌，诲人不倦，何有②于我哉？"

【注释】

①识：记。

②何有：有什么，意思是没有什么了。

不善不能改，是吾忧也

子曰："德之不修，学之不讲，闻义不能徙①，不善不能改，是吾忧也。"

【注释】

①徙：迁移。这里是指向"义"靠拢，使自己的行为符合"义"。

子之燕居

子之燕居①，申申如也②，夭夭如也③。

【注释】

①燕居：闲居，古代士大夫退朝而居叫燕居。

②申申如也：仪态舒展的样子。如，形容词词尾，义同"然"。

③夭夭如也：和乐喜悦的样子。

不愤不启

子曰："不愤①不启，不悱②不发，举一隅③不以三隅反④，则不复⑤也。"

【注释】

①愤：指想弄懂而还没有弄懂的心理状态，也就是充满求知欲时的精神饱满振奋状态。

②悱：指想以语言表达什么意思而还没有找到适合的言词的状态。

③隅：方。

④反：反过来证明，也就是类推的意思。

⑤复：重复，反复。

用之则行，舍之则藏

子谓颜渊曰："用之则行，舍之则藏，惟我与尔有是夫！"

富而可求

子曰："富而①可求也，虽执鞭之士②，吾亦为之。如不可求，从吾所好。"

【注释】

①而：如，如果。

②执鞭之士：古代手拿皮鞭为达官贵人开道或为市场守门的人，代指下贱差役。

三月不知肉味

子在齐闻《韶》，三月不知肉味。曰："不图为乐之至于斯也！"

不义而富且贵，于我如浮云

子曰："饭疏食①，饮水②，曲肱③而枕④之，乐亦在其中矣。不义而富且贵，于我如浮云。"

【注释】

①饭疏食：饭，这里作动词用，指吃饭。疏食，粗粮。

②水：古代以"汤"和"水"对举，"汤"指热水，"水"即指冷水。

③肱：上臂，这里泛指胳膊。

④枕：用作动词。

发愤忘食，乐以忘忧

叶公①问孔子于子路，子路不对。子曰："女奚不曰：其为人也，发愤忘食，乐以忘忧，不知老之将至云尔②。"

【注释】

①叶公：楚国大夫沈诸梁，字子高，为叶县县长，称叶公。

②云尔：如此而已。

三人行必有我师

子曰："三人行，必有我师焉。择其善者而从之，其不善者而改之。"

择其善者而从之

子曰："盖①有不知而作②之者，我无是也。多闻，择其善者而从之，多见而识③之，知之次也。"

【注释】

①盖：大概。

②作：创作。

③识：记。

闻过则喜

陈司败①问："昭公②知礼乎？"孔子曰："知礼。"孔子退，揖巫马期③而进之，曰："吾闻君子不党④，君子亦党乎？君取⑤于吴为同姓⑥，谓之吴孟子⑦。君而知礼，孰不知礼？"巫马期以告，子曰："丘也幸，苟有过，人必知之。"

【注释】

①陈司败：陈，陈国；司败，即司寇，官名，主管司法。

②昭公：即鲁昭公，鲁国国君。

③巫马期：孔子的学生，姓巫马，名施，字子期。

④党：这里是包庇，偏袒的意思。

⑤取：同"娶"。

⑥为同姓：鲁为周公之后，吴为太伯之后，都是姬姓。

⑦吴孟子：当时国君夫人的称号一般是由她生长那个国家的国名加她的本姓，如鲁娶于吴，这位夫人就应叫吴姬，这样叫就明显地暴露出鲁昭公违

反了"同姓不婚"的礼法，所以改称为"吴孟子"，回避了姓姬的问题。"孟子"可能是这位夫人的字。

君子坦荡荡，小人长戚戚

子曰："君子坦荡荡，小人长戚戚。"

其可谓至德也已矣

子曰："泰伯①，其可谓至德也已矣。三以天下让②，民无得③而称焉。"

【注释】

①泰伯：也写作"太伯"，周朝祖先古公亶父（周太王）的长子。他的两个弟弟依次为仲雍和季历，季历的儿子为姬昌。传说周太王预见到姬昌有圣德，就想打破长子继承王位的惯例，把君位通过季历再传给姬昌。泰伯为实现父亲的意愿，便与仲雍一起出走到荆蛮之地（今江苏一带），自号为勾吴，立为吴泰伯，成为后来吴国的始祖。周太王死后，季历继承王位，后来传给姬昌，便是周文王。

②三以天下让：指泰伯出走一让天下；太王死后不回来奔丧，以便让季历继承王位二让天下；季历死后也不回来，以便让姬昌继承王位三让天下。

③无得：同"无能"，无法的意思。

恭、慎、勇、直

子曰："恭而无礼则劳，慎而无礼则葸①，勇而无礼则乱，直而无礼则绞②。"

【注释】

①葸：畏缩。

②绞：尖刻伤人。

人之将死，其言也善

曾子有疾，孟敬子①问之。曾子言曰："鸟之将死，其鸣也哀；人之将死，其言也善。"

【注释】

①孟敬子：鲁国大夫仲孙捷。

士不可以不弘毅

曾子曰："士不可以不弘毅①，任重而道远。仁以为己任，不亦重乎？死而后已，不亦远乎？"

【注释】

①弘毅：弘，大；毅，坚毅。弘毅指志向远大，意志坚毅。

天下有道则见，无道则隐

子曰："笃信好学，守死善道①。危邦不入，乱邦不居。天下有道则见②，无道则隐。邦有道，贫且贱焉，耻也；邦无道，富且贵焉，耻也。"

【注释】

①善道：正确的学说，引申为真理。

②见：同"现"。

不在其位，不谋其政

子曰："不在其位，不谋①其政。"

【注释】

①谋：考虑、策划。

学如不及，犹恐失之

子曰："学如不及，犹恐失之。"

利与命与仁

子罕①言利与命与仁。

【注释】

①罕：副词，少。意谓孔子少谈论利、命和仁。

博学而无所成名

达巷党①人曰："大哉孔子！博学而无所成名②。"子闻之，谓门弟子曰："吾何执？执御乎？执射乎？吾执御矣。"

【注释】

①达巷党：名叫达的里巷。巷党为一个词，即里巷。

②无所成名：直译为"没有成名的东西"，也就是不好说在哪方面有特别著称的专长。

夫子圣者与

大宰①问于子贡曰："夫子圣者与？何其多能也？"子贡曰："固天纵②之将圣，又多能也。"子闻之，曰："大宰知我乎？吾少也贱，故多能鄙事③。君子多乎哉？不多也。"

【注释】

①大宰：即太宰，官名，辅佐君主治理国家。这里的太宰是指吴国的或宋国的，已不能确认。

②纵：使，让。

③鄙事：鄙贱之事，指各种技艺。

逝者如斯夫！

子在川上，曰："逝者①如斯②夫！不舍昼夜。"

【注释】

①逝者：流逝的时光。

②斯：这，指"川"，即河水。

好德如好色

子曰："吾未见好德如好色者也！"

止、进

子曰："譬如为山，未成一篑①，止，吾止也。譬如平地，虽覆一篑，进，吾往也。"

【注释】

①篑：盛土的筐子。

吾见其进，未见其止

子谓颜渊，曰："惜乎！吾见其进①也，未见其止②也。"

【注释】

①进：进取。

②止：停止。

半途而废者大有人在

子曰："苗而不秀①者有矣夫！秀而不实者有矣夫！"

【注释】

①秀：庄稼吐穗扬花。

吾末如之何也已矣

子曰："法语①之言，能无从乎？改之为贵。巽与②之言，能无说③乎？绎④之为贵。说而不绎，从而不改，吾末如之何也已矣。"

【注释】

①法语：法，严正；语，名词动用，告诉。法语之言指严肃正告的话。

②巽与：巽，通"逊"，谦恭；与，称许。巽与之言指恭维的话。

③说：同"悦"，下同。

④绎：分析。

匹夫不可夺志

子曰："三军①可夺帅也，匹夫②不可夺志也。"

【注释】

①三军：军队的通称。

②匹夫：夫妇相匹配，分开说则叫匹夫匹妇，故称男子为匹夫。

岁寒知松柏之后雕

子曰："岁寒，然后知松柏之后雕①也。"

【注释】

①雕：同"凋"，凋落。

可与共学，未可与适道

子曰："可与共学，未可与适①道；可与适道，未可与立②；可与立，未可与权③。"

【注释】

①适：至，往。

②立："三十而立"的"立"的意思，包含立身处世创业成道等多方面的内容。

③权：本指秤锤，秤锤能够权衡物的轻重，所以引申为权衡轻重，通权达变的意思。

私觌，愉愉如也

执圭①，鞠躬如也，如不胜②。上如揖，下如授。勃如战色③，足蹜蹜④如有循。享礼⑤，有容色。私觌⑥，愉愉如也。

【注释】

①执圭：圭，一种玉器，上面圆形或剑头形，下面方形。国君派使臣访问外国，执国君之圭为信物，所以，执圭代指出使外国。

②不胜：不能胜任其重。这里指执轻若重，表示敬慎。

③战色：战战兢兢的面色。

④蹜蹜：脚步很小的样子。

⑤享礼：献礼。

⑥私觌：以私礼相见，也就是以个人身份相交往。

食不厌精，脍不厌细

齐必变食①，居必迁坐②。

食不厌精，脍③不厌细。

食馀而餲④，鱼馁而肉败⑤，不食。色恶，不食。臭⑥恶，不食。失饪⑦，不食。不时⑧，不食。割不正⑨，不食。不得其酱，不食。

肉虽多，不使胜食气⑩。

唯酒无量，不及乱⑪。

沽酒市脯⑫，不食。

不撤⑬姜食，不多食。

【注释】

①变食：指斋戒时改变日常的饮食，不饮酒，不吃荤（指有浓厚气味的蔬菜，如蒜、韭、葱等，不是指鱼肉等腥膻食物，与我们今天"荤"的概念不相同）。

②迁坐：指斋戒时改变日常的住处，不与妻妾同住，而迁到"外寝"（或叫"正寝"）独住。

③脍：切得很细的鱼和肉。

④馀而餲：馀与餲同义，都指食物腐败变味，餲的程度更重。

⑤馁、败：鱼腐烂叫馁，肉腐烂叫败。

⑥臭：气味。

⑦失饪：饪指生熟的火候，失饪即指火候不当。

⑧不时：不是该吃的时候。

⑨割不正：指切割方法不正确，刀法不好。

⑩食气：气同"饩"，食气指食料，主食。

⑪乱：指神志昏乱，即酒醉。

⑫市脯：买来的肉干。

⑬撤：去。

名不正则言不顺

子路曰："卫君待子而为政，子将奚①先？"子曰："必也正名乎！"子路曰："有是哉，子之迂也！奚其正？"子曰："野哉，由也！君子于其所不知，盖阙如也。名不正，则言不顺；言不顺，则事不成；事不成，则礼乐不兴；礼乐不兴，则刑罚不中②；刑罚不中，则民无所措手足。故君子名之必可言也，言之必可行也。君子于其言，无所苟而已矣。"

【注释】

①奚：何，疑问词。

②中：得当。

诵《诗》三百

子曰："诵《诗》三百，授之以政①，不达；使于四方，不能专对②；虽多，亦奚以为？"

【注释】

①授之以政：孔子认为诗可以兴、观、群、怨、事父、事君，所以与政事相关联。

②专对：独立应对。春秋时代的外交谈判多背诵诗篇来代替语言，所以《诗经》也是外交人员的必读书。

其身正，不令而行

子曰："其身①正，不令而行；其身不正②，虽令不从。"

【注释】

①身：自己，自身。

②正：端正。

苟合、苟完、苟美

子谓卫公子荆[①]，"善居室[②]。始有，曰：'苟合[③]矣。'少有，曰：'苟完矣。'富有，曰：'苟美矣。'"

【注释】

①卫公子荆：卫国的公子，字南楚，是卫献公的儿子。吴国的公子季札曾把他列为卫国的君子之一。

②居室：有多种解释，以"居家过日子"较为妥当。

③苟合：苟，差不多。合，足。

富之，教之

子适[①]卫，冉有仆[②]。

子曰："庶[③]矣哉！"冉有曰："既庶矣，又何加焉？"曰："富之。"曰："既富矣，又何加焉？"曰："教之。"

【注释】

①适：到……去，往。

②仆：驾车。

③庶：众多，这里指人口多。

一言兴邦，一言丧邦

定公问："一言而可以兴邦，有诸？"孔子对曰："言不可以若是其几[①]也。人之言曰：'为君难，为臣不易。'如知为君之难也，不几[②]乎一言而兴邦乎？"曰："一言而丧邦，有诸？"孔子对曰："言不可以若是其几也。人之言曰：'予无乐乎为君，唯其言而莫予违也。'如其善而莫之违也，不亦善乎？如不善而莫之违也，不几乎一言而丧邦乎？"

【注释】

①几：期，期望。

②几：近。

近者悦，远者来

叶公问政。子曰："近者悦，远者来。"

欲速则不达

子夏为莒父①宰，问政。子曰："无欲速，无见小利。欲速则不达；见小利则大事不成。"

【注释】

①莒父：鲁国邑名。位于今山东高密东南。

吾党有直躬者

叶公语孔子曰："吾党有直躬者①，其父攘羊②，而子证之③。"孔子曰："吾党之直者异于是：父为子隐，子为父隐。直在其中矣。"

【注释】

①直躬者：直率坦白的人。

②攘羊：攘，偷。

③证之：告发他。证，告发。

狂者，狷者

子曰："不得中行①而与②之，必也狂狷乎！狂者进取，狷者有所不为也。"

【注释】

①中行：依中庸而行的人。

②与：交往。

人而无恒

子曰："南人有言曰：'人而无恒，不可以作巫医①。'善夫！"

"不恒其德，或承之羞②。"子曰："不占而已矣。"

【注释】

①巫医：古代用禳祷之术替人治病的人。与后来分为卜筮的巫、治病的医不同。

②不恒其德，或承之羞：见《周易·恒卦·九三爻辞》。或，常；承，受。

好，恶

子贡问曰："乡人皆好之，何如？"子曰："未可也。""乡人皆恶之，何如？"子曰："未可也。不如乡人之善者好之，其不善者恶之。"

君子易事而难悦

子曰："君子易事①而难说②也：说之不以道，不说也；及其使人也，器之③。小人难事而易说也；说之虽不以道，说也；及其使人也，求备④焉。"

【注释】

①事：侍奉。

②说：同"悦"。

③器之：量才而用。

④求备：求全责备。

泰而不骄

子曰："君子泰而不骄，小人骄而不泰。"

刚毅木讷，近于仁德

子曰："刚、毅、木、纳，近仁。"

邦有道，邦无道

子曰："邦有道，危①言危行；邦无道，危行言孙②。"

【注释】

①危：正。

②孙：同"逊"。

有言者不必有德

子曰："有德者必有言，有言者不必有德。仁者必有勇，勇者不必有仁。"

爱之，忠焉

子曰："爱之，能勿劳乎？忠焉，能勿诲乎？"

贫而无怨

子曰："贫而无怨，难；富而无骄，易。"

自经于沟渎而莫之知也

子贡曰："管仲①非仁者与？桓公②杀公子纠，不能死，又相之。"子曰："管仲相桓公，霸诸侯，一匡③天下，民到于今受其赐。微④管仲，吾其被⑤发左衽⑥矣。岂若匹夫匹妇之为谅⑦也，自经⑧于沟渎⑨而莫之知也？"

【注释】

①管仲：齐桓公的宰相，历史上著名的政治家。他原本是公子纠的家臣，公子纠与齐桓公争位被杀后，他归服了桓公，辅佐桓公成就了霸业。

②桓公：即齐桓公，齐国的国君。他与公子纠是兄弟，因为争夺君位而杀死了公子纠。

③匡：正。

④微：假若，没有。用于和既成事实相反的假设句之首。

⑤被：同"披"。

⑥左衽：衣襟向左边开。披散头发、衣襟向左边开是当时落后部族的打扮。

⑦谅：信，这里指小节方面的诚信。

⑧自经：自缢。

⑨沟渎：小沟渠。

学为己，学为人

子曰："古之学者为己，今之学者为人。"

不逆诈，不亿不信

子曰："不逆①诈，不亿②不信，抑③亦先觉者，是贤乎！"

【注释】

①逆：预先揣度。

②亿：同"臆"，猜测。

③抑：可是。

以直报怨，以德报德

或曰："以德报怨，何如？"子曰："何以报德？以直报怨，以德报德。"

不怨天，不尤人

子曰："莫我知也夫！"子贡曰："何为其莫知子也？"子曰："不怨天，不尤①人，下学而上达。知我者其天乎！"

【注释】

①尤：怨恨，责怪。

知其不可而为之

子路宿于石门①。晨门②曰："奚自？"子路曰："自孔氏。"曰："是知其不可而为之者与？"

【注释】

①石门：鲁国都城的外门。
②晨门：早晨看守城门的人。

修己以敬

子路问君子。子曰："修己以敬①。"曰："如斯而已乎？"曰："修己以安人。"曰："如斯而已乎？"曰："修己以安百姓。修己以安百姓，尧舜其犹病诸！"

【注释】

①敬：严肃谨慎。

君子固穷，小人穷斯滥矣

在陈绝粮，从者病，莫能兴①。子路愠见曰："君子亦有穷乎？"子曰："君子固②穷，小人穷斯滥矣③。"

【注释】

①兴：起。

②固：固守，安守。

③穷斯滥矣：斯，就。滥，泛滥，指胡作非为。

益者三友

孔子曰："益者三友，损者三友。友直，友谅①，友多闻，益矣；友便辟②，友善柔③，友便佞④，损矣。"

【注释】

①谅：信。"谅"有时特指小信，如《卫灵公》篇说："君子贞而不谅。""谅"与"贞"相对，指小信。但这里却泛指守信，不存在大信、小信的区别。

②便辟：谄媚逢迎，主要指举止行为方面。

③善柔：假装和善，阳奉阴违。

④便佞：花言巧语，主要指言谈方面。

益者三乐

孔子曰："益者三乐，损者三乐。乐节①礼乐，乐道②人之善，乐多贤友，益矣。乐骄乐，乐佚③游，乐宴乐，损矣。"

【注释】

①节：节制，制约，调节。

②道：说。

③佚：同"逸"，过分。

君子有三戒

孔子曰："君子有三戒：少之时，血气未定，戒之在色；及其壮也，血气方刚，戒之在斗；及其老也，血气既衰，戒之在得。"

经 部

《孟子》精华

【著录】

　　孟子，名轲，战国中期邹（今山东邹县）人，受业于孔子之孙子思的门人，是孔子之后儒家学派的一位重要人物，与孔子并称"孔孟"。孟子继承和发展了孔子创立的儒家学说，提倡仁政、王道。他也曾像孔子一样周游列国，游说诸侯，希望自己的政治主张能够被采纳施行。但是，孟子所处的时代是战国中期，当时，各国诸侯或为了自存，或为了兼并他国，都想富国强兵，孟子的主张被视为迂阔之见，不被采用。晚年，他不再出游，和学生万章、公孙丑等整理撰述，编成《孟子》一书。

　　《孟子》记载的是孟轲的言行和他同弟子、时人的相互问答。全书共七篇，每篇撮取篇首二三字为篇名，篇名与全篇内容无关。《孟子》一书较详细具体地记载了孟轲的政治主张和哲学思想等，还保存了一些反映其他学派的资料，因此，此书是研究孟轲和儒家思想的一部重要著作，对研究先秦其他学派的思想亦有参考价值。

　　《孟子》既是一部哲学著作，又在文学上有较高的地位。在诸子百家中，《孟子》文章的流畅犀利，气势磅礴，与《庄子》一起堪称先秦哲学散文中的双璧，它给了后世散文家以不可估量的影响，从汉代的司马迁，到唐代的韩愈，乃至宋代的欧、苏、王、曾，无不悬之为学习古文的典范。

　　《孟子》的旧注本，主要有《十三经注疏》中的《孟子注疏》，朱熹《四书集注》中的《孟子集注》，清代焦循的《孟子正义》等。今人杨伯峻的《孟子译注》，体例与其所著《论语译注》相同，有注有译，后附《孟子词典》，甚便使用。

与梁惠王论仁义章

孟子见梁惠王①。王曰:"叟②! 不远千里而来,亦将有以利吾国乎?"

孟子对曰:"王何必曰利? 亦有仁义而已矣。王曰:'何以利吾国?'大夫曰:'何以利吾家?'士庶人曰:'何以利吾身?'上下交征③利,而国危矣。万乘④之国,弑其君者,必千乘之家;千乘之国,弑其君者,必百乘之家;万取千焉,千取百焉,不为不多矣。苟为后义而先利,不夺不餍。未有仁而遗其亲者也,未有义而后其君者也。王亦曰仁义而已矣,何必曰利?"

【注释】

①梁惠王:魏侯莹,都大梁,僭称王,谥曰惠。

②叟:对老年人的称呼。

③征:取。

④乘:四马一车为一乘。

与梁惠王论王道章

梁惠王曰:"寡人之于国也,尽心焉耳矣。河内凶,则移其民于河东①,移其粟于河内;河东凶②亦然。察邻国之政,无如寡人之用心者。邻国之民不加少,寡人之民不加多,何也?"

孟子对曰:"王好战,请以战喻:填③然鼓之,兵刃既接,弃甲曳兵而走,或百步而后止,或五十步而后止,以五十步笑百步,则何如?"

曰:"不可,直不百步耳,是亦走也。"

曰:"王如知此,则无望民之多于邻国也。不违农时,谷不可胜食也。数罟④不入洿池,鱼鳖不可胜食也。斧斤以时入山林,材木不可胜用也。谷与鱼鳖不可胜食,材木不可胜用,是使民养生丧死⑤无憾也。养生丧死无憾,王道之始也。五亩之宅,树之以桑,五十者可以衣帛矣。鸡豚狗彘之畜，无失其时，七十者可以食肉矣。百亩之田，勿夺其时，数口之家，可以无饥矣。谨庠序之教，申之以孝悌之义，颁白者不负戴于道路矣。七十者衣帛食肉，黎民不饥不寒，然而不王者，未之有也。狗彘食人食而不知检，途有饿莩而不知发。人死，则曰：'非我也，岁也。'是何异于刺人而杀之，曰：'非我也，兵也。'王无罪岁，斯天下之民至焉。"

【注释】

①河内、河东：均魏地。

②凶：岁不熟。

③填：鼓声。

④数罟：密网。

⑤养生丧死：谓饮食宫室，用以养生；祭祀棺椁，用以送死。

牵牛章

　　齐宣王①问曰："齐桓、晋文之事，可得闻乎？"孟子对曰："仲尼之徒，无道桓、文之事者，是以后世无传焉，臣未之闻也。无以，则王乎？"曰："德何如，则可以王矣？"曰："保民而王，莫之能御也。"曰："若寡人者，可以保民乎哉？"曰："可。"曰："何由知吾可也？"曰："臣闻之胡龁②曰：王坐于堂上，有牵牛而过堂下者，王见之，曰：'牛何之？'对曰：'将以衅钟③。'王曰'舍之！吾不忍其觳觫④，若无罪而就死地。'对曰：'然则废衅钟与？'曰：'何可废也？以羊易之。'不识有诸？"曰："有之。"曰："是心足以王矣。百姓皆以王为爱也，臣固知王之不忍也。"

　　王曰："然。诚有百姓者！齐国虽褊小，吾何爱一牛？即不忍其觳觫，若无罪而就死地，故以羊易之也。"曰："王无异于百姓之以王为爱也，以小易大，彼恶知之？王若隐其无罪而就死地，则牛羊何择焉？"王笑曰："是诚何心哉？我非爱其财而易之以羊。宜乎百姓之谓我爱也。"曰："无伤也。是乃仁术也，见牛未见羊也。君子之于禽兽也，见其生，不忍见其死；闻其声，不忍食其肉，是以君子远庖厨也。"

　　王说，曰："《诗》云：'他人有心，予忖度之。'夫子之谓也。夫我乃行之，反而求之，不得吾心。夫子言之，于我心有戚戚⑤焉。此心之所以合于王者，何也？"曰："有复于王者，曰：'吾力足以举百钧，而不足以举一羽；明足以察秋毫之末⑥，而不见舆薪。'则王许之乎？"曰："否。""今恩足以及禽兽，而功不至于百姓者，独何与？然则一羽之不举，为不用力焉；舆薪之不见，为不用明焉；百姓之不见保，为不用恩焉。故王之不王，不为也，非不能也。"曰："不为者与不能者之形何以异？"曰："挟太山以超北海，语人曰：'我不能。'是诚不能也。为长者折枝，语人曰：'我不能。'是不为也，非不能也。故王之不王，非挟太山以超北海之类也；王之不王，是折枝之类也。老吾老，以及人之老；幼吾幼，以及人之幼，天下可运于掌。《诗》云：'刑于寡妻，至于兄弟，以御于家邦。'言举斯心加诸彼而已。故推恩足以保四海，不推恩无以保妻子。古之人所以大过人者，无他焉，善推其所为而已矣。今恩足以及禽兽，而功不至于百姓者，独何与？权，然后知轻重；度，然后知长短。物皆然，心为甚。王请度之！"

"抑王兴甲兵，危士臣，构怨于诸侯，然后快于心与？"王曰："否。吾何快于是？将以求吾所大欲也！"曰："王之所大欲，可得闻与？"王笑而不言。曰："为肥甘不足于口与？轻暖不足于体与？抑为采色不足视于目与？声音不足听于耳与？便嬖⑦不足使令于前与？王之诸臣，皆足以供之，而王岂为是哉？"曰："否。吾不为是也。"曰："然则王之所大欲可知已。欲辟土地，朝秦楚，莅中国而抚四夷也。以若所为，求若所欲，犹缘木而求鱼也。"

王曰："若是其甚与？"曰："殆有甚焉。缘木求鱼，虽不得鱼，无后灾。以若所为，求若所欲，尽心力而为之，后必有灾。"曰："可得闻与？"曰："邹人与楚人战，则王以为孰胜？"曰："楚人胜。"曰："然则小固不可以敌大，寡固不可以敌众，弱固不可以敌强。海内之地，方千里者九，齐集有其一。以一服八，何以异于邹敌楚哉？盖亦反其本矣。今王发政施仁，使天下仕者皆欲立于王之朝，耕者皆欲耕于王之野，商贾皆欲藏于王之市，行旅皆欲出于王之途，天下之欲疾其君者，皆欲赴诉于王，其若是，孰能御之？"

王曰："吾惛，不能进于是矣。愿夫子辅吾志，明以教我。我虽不敏，请尝试之。"曰："无恒产而有恒心者，惟士为能。若民，则无恒产，因无恒心。苟无恒心，放辟邪侈，无不为已。及陷于罪，然后从而刑之，是罔民也。焉有仁人在位，罔民而可为也？是故明君制民之产，必使仰足以事父母，俯足以畜妻子，乐岁终身饱，凶年免于死亡。然后驱而之善，故民之从之也轻。今也制民之产，仰不足以事父母，俯不足以畜妻子，乐岁终身苦，凶年不免于死亡。此惟救死而恐不赡，奚暇治礼义哉？王欲行之，则盍反其本矣。五亩之宅，树之以桑，五十者可以衣帛矣，鸡豚狗彘之畜，无失其时，七十者可以食肉矣。百亩之田，勿夺其时，八口之家，可以无饥矣。谨庠序之教，申之以孝悌之义，颁白者不负戴于道路矣。老者衣帛食肉，黎民不饥不寒，然而不王者，未之有也。"

【注释】

①齐宣王：姓田，名辟疆，诸侯僭称王，后称霸于诸侯。

②胡龁：齐国大臣。

③衅钟：新铸成钟，杀牲以血涂其缝隙。

④觳觫：恐惧貌。

⑤戚戚：心动貌。

⑥秋毫之末：动物皮毛至秋天，末端最细；喻微小而难见。

⑦便嬖：近习嬖幸之人。

论乐章

庄暴①见孟子，曰："暴见于王，王语暴以好乐，暴未有以对也。"曰："好乐何如？"孟子曰："王之好乐甚，则齐国其庶几乎？"

他日，见于王，曰："王尝语庄子以好乐，有诸？"王变乎色，曰："寡人非能好先王之乐也，直好世俗之乐耳。"曰："王之好乐甚，则齐其庶几乎！今之乐，犹古之乐也。"曰："可得闻与？"曰："独乐乐，与人乐乐，孰乐？"曰："不若与人。"曰："与少乐乐，与众乐乐，孰乐？"曰："不若与众。"

"臣请为王言乐。今王鼓乐于此，百姓闻王钟鼓之声，管籥之音，举疾首蹙频②而相告曰：'吾王之好鼓乐，夫何使我至于此极也？父子不相见，兄弟妻子离散。'今王田猎于此，百姓闻王车马之音，见羽旄之美，举疾首蹙頞而相告曰：'吾王之好田猎，夫何使我至于此极也？父子不相见，兄弟妻子离散。'此无他，不与民同乐也。今王鼓乐于此，百姓闻王钟鼓之声，管籥之音，举欣欣然有喜色而相告曰：'吾王庶几无疾病与，何以能鼓乐也？'今王田猎于此，百姓闻王车马之音，见羽旄之美，举欣欣然有喜色而相告曰：'吾王庶几无疾病与，何以能田猎也？'此无他，与民同乐也。今王与百姓同乐，则王矣。"

【注释】

①庄暴：齐国大臣。

②疾首蹙頞：疾首，头痛；蹙頞，人忧戚则蹙其頞。頞，鼻梁。

雪宫章

齐宣王见孟子于雪宫①。王曰："贤者亦有此乐乎？"孟子对曰："有。人不得，则非其上矣。不得而非其上者，非也。为民上而不与民同乐者，亦非也。乐民之乐者，民亦乐其乐。忧民之忧者，民亦忧其忧。乐以天下，忧以天下，然而不王者，未之有也。昔者齐景公问于晏子②曰：'吾欲观于转附、朝儛③，遵海而南，放于琅邪④，吾何修而可以比于先王观也？'晏子对曰：'善哉问也！天子适诸侯曰巡狩，巡狩者，巡所守也。诸侯朝于天子曰述职，述职者，述所职也。无非事者：春省耕而补不足，秋省敛而助不给。夏谚曰：吾王不游，吾何以休；吾王不豫，吾何以助？一游一豫，为诸侯度。今也不然，师行而粮食，饥者弗食，劳者弗息。睊睊⑤胥谗，民乃作慝。方命虐民，饮食若流，流连荒亡，为诸侯忧。从流下而忘反，谓之流。从流上而忘反，谓之连。从兽无厌，谓之荒。乐酒无厌，谓之亡。先王无流连之乐、荒亡之行，惟君所行也。'景公说，大戒于国，出舍于郊。于是始兴发，补不足，召太师曰：'为我作君臣相说之乐。'盖《徵招》《角招》是也。其诗曰：'畜君何尤？'畜君者，好君也。"

【注释】

①雪宫：齐国离宫名。

②晏子：齐国大臣，名婴。

③转附、朝儛：均山名。

④琅邪：齐国东南境一邑名，在今山东。

⑤睊睊：侧视貌。

当路章

公孙丑①问曰："夫子当路于齐，管仲②、晏子之功，可复许乎？"孟子曰："子诚齐人也，知管仲、晏子而已矣。或问乎曾西③曰：'吾子与子路孰贤？'曾西蹵然曰：'吾先子之所畏也。'曰：'然则吾子与管仲孰贤？'曾西艴然不悦，曰：'尔何曾比予于管仲？管仲得君，如彼其专也，行乎国政，如彼其久也，功烈，如彼其卑也。尔何曾比予于是！'"

曰："管仲，曾西之所不为也，而子为我愿之乎？"曰："管仲以其君霸，晏子以其君显，管仲、晏子，犹不足为与？"曰："以齐王，由反手也。"曰："若是，则弟子之惑滋甚。且以文王之德，百年而后崩④，犹未洽于天下；武王、周公继之，然后大行。今言王若易然，则文王不足法与？"曰："文王何可当也！由汤至于武丁，贤圣之君六七作⑤，天下归殷久矣，久则难变也。武丁朝诸侯，有天下，犹运之掌也。纣之去武丁未久也，其故家遗俗，流风善政，犹有存者。又有微子、微仲、王子比干、箕子、胶鬲，皆贤人也，相与辅相之。故久而后失之也，尺地莫非其有也，一民莫非其臣也。然而文王犹方百里起，是以难也。齐人有言曰：'虽有智慧，不如乘势。虽有镃基⑥，不如待时。'今时则易然也。夏后、殷、周之盛，地未有过千里者也，而齐有其地矣。鸡鸣狗吠相闻，而达乎四境，而齐有其民矣。地不改辟矣，民不改聚矣，行仁政而王，莫之能御也。且王者之不作，未有疏于此时者也。民之憔悴于虐政，未有甚于此时者也。饥者易为食，渴者易为饮，孔子曰：'德之流行，速于置邮而传命。'当今之时，万乘之国行仁政，民之悦之，犹解倒悬也。故事半古之人，功必倍之，惟此时为然。"

【注释】

①公孙丑：齐人，孟子弟子。

②管仲：齐大夫，名夷吾，曾相桓公，称霸于诸侯。

③曾西：曾参的孙子。

④百年而后崩：文王去世时九十七岁，称百年，乃举整数。

⑤作：起，出现。

⑥铫基：耕田器具。

不见诸侯章

万章曰："敢问不见诸侯，何义也？"孟子曰："在国曰市井之臣，在野曰草莽之臣，皆谓庶人。庶人不传①质为臣，不敢见于诸侯，礼也。"万章曰："庶人，召之役，则往役；君欲见之，召之，则不往见之。何也？"曰："往役，义也；往见，不义也。且君之欲见之也，何为也哉？"

曰："为其多闻也，为其贤也。"曰："为其多闻也，则天子不召师，而况诸侯乎？为其贤也，则吾未闻欲见贤而召之也。缪公亟见于子思，曰：'古千乘之国以友士，何如？'子思不悦，曰：'古之人有言，曰：事之云乎？岂曰友之云乎？'子思之不悦也，岂不曰'以位，则子君也，我臣也，何敢与君友也？以德，则子事我者也，奚可以与我友？'千乘之君，求与之友而不可得也，而况可召与？齐景公田，招虞人以旌，不至，将杀之。'志士不忘在沟壑，勇士不忘丧其元。'孔子奚取焉？取非其招不往也。"

曰："敢问招虞人何以？"曰："以皮冠②。庶人以旃③，士以旂④，大夫以旌⑤。以大夫之招招虞人，虞人死不敢往。以士之招招庶人，庶人岂敢往哉？况乎以不贤人之招招贤人乎？欲见贤人而不以其道，犹欲其入而闭之门也。夫义，路也；礼，门也。惟君子能由是路，出入是门也。《诗》云：'周道如砥，其直如矢。君子所履，小人所视。'"万章曰："孔子'君命召，不俟驾而行'。然则孔子非与？"曰："孔子当仕有官职，而以其官召之也。"

【注释】

①传：通。

②皮冠：田猎时带的皮帽子。

③旃：用整幅丝绸做的旗叫旃。

④旂：旗上画有交龙者为旂。

⑤旌：析羽而注于旗干头上的为旌。

性犹杞柳章

告子曰："性犹杞柳①也，义犹桮棬②也。以人性为仁义，犹以杞柳为桮棬。"孟子曰："子能顺杞柳之性而以为桮棬乎？将戕贼杞柳，而后以为桮棬也？如将戕贼杞柳而以为桮棬，则亦将戕贼人以为仁义与？率天下之人而祸仁义者，必子之言夫！"

【注释】

①杞柳：柜柳。

②桮棬：桮同"杯"；杯圈，杯盘一类的器皿。

鱼我所欲也章

孟子曰："鱼，我所欲也；熊掌，亦我所欲也；二者不可得兼，舍鱼而取熊掌者也；生，亦我所欲也；义，亦我所欲也。二者不可得兼，舍生而取义者也。生亦我所欲，所欲有甚于生者，故不为苟得也；死亦我所恶，所恶有甚于死者，故患有所不辟也。如使人之所欲莫甚于生，则凡可以得生者，何不用也？使人之所恶莫甚于死者，则凡可以辟患者，何不为也？由是则生而有不用也，由是则可以辟患而有不为也。是故所欲有甚于生者，所恶有甚于死者。非独贤者有是心也，人皆有之，贤者能勿丧耳。一箪①食，一豆②羹，得之则生，弗得则死。嘑尔③而与之，行道之人弗受；蹴尔④而与之，乞人不屑⑤也。万钟则不辨礼义而受之，万钟于我何加焉？为宫室之美、妻妾之奉、所识穷乏者得我与？乡为身死而不受，今为宫室之美为之：乡为身死而不受，今为妻妾之奉为之；乡为身死而不受，今为所识穷乏者得我而为之，是亦不可以已乎！此之谓失其本心。"

【注释】

①箪：竹器。

②豆：木器。

③嘑尔：呵叱貌。

④蹴尔：践踏貌。

⑤不屑：指不肯受，憎恶其无礼。

舜发于畎亩之中章

孟子曰："舜发于畎亩之中①，傅说②举于版筑之间，胶鬲③举于鱼盐之中，管夷吾④举于士，孙叔敖⑤举于海，百里奚⑥举于市。故天将降大任于是人也，必先苦其心志，劳其筋骨，饿其体肤，空乏其身，行拂乱其所为，所以动心忍性，曾益其所不能。人恒过，然后能改；困于心，衡于虑，而后作；征于色，发于声，而后喻。入则无法家⑦拂士⑧，出则无敌国外患者，国恒亡。然后知生于忧患，而死于安乐也。"

【注释】

①舜发畎亩中：舜曾耕于历山。

②傅说：殷贤相。起初版筑于傅岩之野，武丁举以为相。因得于傅岩，故命以傅为氏。

③胶鬲：文王时贤相。初遭乱，鬲贩鱼盐，被文王重用了。

④管夷吾：即管仲，初囚于士官，桓公任命他为宰相。

⑤孙叔敖：隐处海滨，楚庄王任命为令尹。

⑥百里奚：事奉虞得不到重用，就来到秦国，穆公任命其为宰相。

⑦法家：法度之世臣。

⑧拂士：辅弼之贤臣。

不忍人章

孟子曰："人皆有不忍人之心。先王有不忍人之心，斯有不忍人之政矣。以不忍人之心，行不忍人之政，治天下可运之掌上。所以谓'人皆有不忍人之心'者，今人乍见孺子将入于井，皆有怵惕①、恻隐之心，非所以内交②于孺子之父母也，非所以要誉于乡党朋友也，非恶其声而然也。由是观之，无恻隐之心，非人也；无羞恶之心，非人也；无辞让之心，非人也；无是非之心，非人也。恻隐之心，仁之端也；羞恶之心，义之端也；辞让之心，礼之端也；是非之心，智之端也。人之有是四端也，犹其有四体也。有是四端而自谓不能者，自贼③者也。谓其君不能者，贼其君者也。凡有四端于我者，知皆扩而充之矣，若火之始然，泉之始达。苟能充之，足以保四海；苟不充之，不足以事父母。"

【注释】

①怵惕：惊动貌。

②内交：内，同"纳"；纳交，结交。

③自贼：自害。

《孝经》精华

【著录】

《孝经》是儒家的孝道思想和以孝治天下主张的一部儒家经典。传为孔子与其弟子曾参关于孝道的对话的辑录。旧题曾参撰。它的作者问题，历来众说纷纭，莫衷一是。疑出自多人之手，大约产生在公元前3世纪期间。

《孝经》的主旨在讲述各不同阶层人士的孝道，对父母的赡养、丧葬、祭祀的各个环节。"夫孝，天之经，地之义，民之行也。举大者言，故曰：《孝经》。"（汉书·艺文志）在封建统治者心中，孝实为统治天下的大经大法，为历代帝王所推尊。劝人们行"孝"，由孝以尽"忠"，为巩固封建统治服务，以期达到他们历世相传的目的。

从另外视角来看，该书以敬老尊老为核心，以稳定家庭和社会为目标，经过两千多年的提倡和传播，已经成为我们民族道德观点和文化心理的内容。在建设新道德中，它确是一笔重要的精神资源，可供我们扬弃和选择，取其精华，去其糟粕，为我所用。

《孝经》分今、古文两种。今文《孝经》东汉郑玄作注，共十八章；古文《孝经》西汉孔安国注，分二十二章。古文本今已不见，传亡佚于南朝梁代，后隋代刘炫伪撰孔安国注本，虽流传于世，不为所采。

唐玄宗于开元十年（722）令名儒鉴断古今文两种本《孝经》，会集韦昭、王肃、虞翻、刘劭、刘炫、陆澄六家之说为注，刻石于太学，天宝二年重加注释，颁行天下。《旧唐书·经籍志》载《孝经》一卷，玄宗注，《唐书·文艺志》亦称"今上《孝经制旨》一卷""其注称制旨，实一书也。"而后，宋赵明诚《金石录》、陈振孙《书斋解题》均载该书四卷，乃因其于天宝四年（745）刻石于太学，称《石台孝经》，拓本四卷。自玄宗注《孝经》，人们亦随潮渐趋今废古，为作疏者不乏其人。至宋咸平年间（998～1003）邢昺据唐行冲为蓝本，复为之疏。考其源流，"今文之立，自玄宗此注始；玄宗注之立则自邢昺疏始。"该书有明正德六年（1511）刊本，清康熙十九年（1680）刊《通志堂经解本》。姑苏汪氏翻正德本，桐乡金氏翔和书塾翻刻南宋相台岳氏刊本。今通行《孝经》，是《十三经注疏》本。

诸侯章第三[①]

在上不骄，高而不危[②]；制节谨度，满而不溢[③]。高而不危，所以长守贵[④]也。满而不溢，所以长守富也。富贵不离其身，然后能保其社稷，而和[⑤]其民人，盖诸侯之孝也。《诗》云："战战兢兢[⑥]，如临深渊，如履薄冰。"

【注释】

①本章谈诸侯的孝道。

②危：危殆，倾危。

③制节：节俭从事，用度节俭。谨度：谨守法度。满：指资财充足。溢：外流。

④长守贵：长久保有富贵。

⑤和：使和睦相善。

⑥战战兢兢：恐惧戒慎的样子。

卿、大夫章第四[①]

非先王之法服[②]不敢服，非先王之法言[③]不敢道，非先王之德行[④]不敢行。是故非法不言，非道不行；口无择言，身无择行[⑤]。言满天下无口过，行满天下无怨恶。三者[⑥]备矣，然后能守其宗庙[⑦]。盖卿、大夫之孝也。《诗》

云："夙夜匪懈、以事一人⑧"

【注释】

①本章谈次子诸侯的卿、大夫之孝道。

②法服：礼法所规定的服饰。

③法言：符合礼法的言论。

④先王之德行：先代圣明君王道德准则。

⑤口无择言：没有可供口选择的语言。身无择行：没有可供身体选择的行动。

⑥三者：指穿戴、言语、行动。

⑦守其宗庙：长守宗庙祭祀，谓不失其位。

⑧夙夜：早晚，即整天。匪：非，不。一人：指国君。

士①章第五

资于事父以事母，而爱同②；资于事父以事君，而敬同。故母取其爱，而君取其敬，兼③之者父也。故以孝事君则忠，以敬事长则顺。忠顺不失，以事其上，然后能保其禄位④，而守其祭祀⑤。盖士之孝也。《诗》云："夙兴夜寐，无忝尔所生⑥。"

【注释】

①士：官吏中地位较低的一种，在卿大夫之下。

②资于事父以事母，而爱同：用侍奉父亲的方式侍奉母亲。资，取，借用。爱同，爱心相同。

③兼：兼备爱、敬。

④禄位：俸禄与职位。

⑤守其祭祀：维存对祖先的祭祀。

⑥无忝尔所生：不要侮辱了生养你的父母。引诗见《诗经·小雅·小宛》。

庶人①章第六

　　用天之道②，分地之利③，谨身④节用，以养父母，此庶人之孝也。故自天子至于庶人，孝无终始⑤，而患不及⑥者，未之有也。

【注释】

　　①庶人：庶民。

　　②用天之道：春生、夏长、秋收、冬藏，凡事顺从天时而为。

　　③分地之利：分别土壤，视其高下，以尽其地利。

　　④谨身：行事谨慎有礼。

　　⑤孝无终始：尽孝道没有终极与开始的尊卑之分。

　　⑥患不及：患，担心。不及：达不到，做不到。

三才①章第七

　　曾子曰："甚哉，孝之大②也！"

　　子曰："夫孝，天之经③也，地之义④也，民之行⑤也。天地之经而民是则之⑥。则天之明，因地之利，以顺天下。是以其教不肃⑦而成，其政不严而治⑧。先王见教之可以化民⑨也，是故先之⑩以博爱，而民莫遗⑪其亲；陈⑫之于德义，而民兴行⑬。先之以敬让，而民不争；导之以礼乐，而民和睦；示之以好恶，而民知禁⑭。《诗》云：'赫赫师尹，民具尔瞻⑮！'"

【注释】

　　①三才：天、地、人。

　　②甚：厉害。大：博大。

　　③天之经：天之常，即天运行的一定常规。

　　④地之义：地之理，即大地山川的适度的法则。

　　⑤民之行：万民行事的准则。

　　⑥天地之经：天有常明，地有常利。民是则之：老百姓因此效法天地。

　　⑦肃：肃戒。

⑧严：威严。治：得到治理。

⑨化民：教化民众。

⑩先之：置于前面，放于优先地位上。

⑪遗：弃。

⑫陈：陈说，讲述。

⑬兴行：起而实行。

⑭禁：禁令。

⑮赫赫：权势显赫。师尹：太师尹氏。具：全，皆。瞻：仰望。引诗见《诗经·小雅·节南山》。

广至德①章第十三

子曰："君子之教以孝也，非家至而日见②之也。教以孝，所以敬天下之为人父者也。教以悌，所以敬天下之为人兄者也。教以臣，所以敬天下之为人君者也。《诗》云：'恺悌③君子，民之父母。'非至德，其孰能顺民，如此其大④者乎！"

【注释】

①广至德：推广最高道德准则。

②家至：每家必至，挨家去。日见：每日见面（去教导）。

③恺悌：和乐平易。

④大：指孝道的作用伟大。

广扬名章第十四

子曰："君子之事亲孝，故忠可移于君①；事兄悌，故顺可移于长②；居家理，故治可移于官③。是以行成于内④，而名立于后世⑤矣！"

【注释】

①君子之事亲孝，故忠可移于君：移，转移，移迁。即道德对象的转移。

忠，忠诚，积极尽力，古代对人臣的一种道德规范。古人对行孝有一系列要求，其中就包括事君忠。

②事兄悌，故顺可移于长：顺，依循，顺从。明吕维祺《孝经翼》言："按，经中每言顺，一曰以顺天下，再曰以顺天下，又曰四国顺之，顺民如此其大。何也？顺者，孝之归也。孝亲者，聚百顺。故孝治天下者，亦顺而已矣。顺则和，和则无怨，是以欢心众，而亲安之。"长，年长者。古人将悌视为孝道之一。《论语·为政》引佚《书》曰："孝乎惟孝，友于兄弟，施于有政。"《群书治要》郑注言："以敬事兄则顺，故可移于长也。"意思是孝子在家以崇敬之心与兄长相处，到了社会上自然会将这种感情转移于其他的年长者，而对其和顺服从。

③居家理，故治可移于官：理，正，治理。居家理，即治家有方，家务管理得好。儒家治学目标是修身、齐家、治国、平天下。孟子说，人有恒言，皆曰天下国家。天下之本在国，国之本在家，家之本在身。由于家庭是社会的一个细胞，个人都在一定的家庭中生活，所以将治理家庭与和悦家人，看作是一般人治理社会能力的一种表现。能将家庭治理好的人，担任官职就能胜任，使其职务所辖得到治理。

④是以行成于内：行，行为，即事亲孝、事兄悌和居家理的活动。成，成效，成功。内，家庭里面。就是说，君子在家庭中养成美好的品德，其道德的作用就能得到发挥、取得成绩。

⑤名立于后世：名，名誉，美好的名声。立，建立，树立。儒家十分注重留美名于后代。想留名后世，最根本的是其自身的道德修养，有了很好的道德修养，生前就会有适宜的名誉、地位和财富，死后就可以流芳百世。

谏诤①章第十五

曾子曰："若夫慈爱、恭敬、安亲、扬名，则闻命②矣！敢问子从父之令，可谓孝乎？"

子曰："是何言欤③！是何言欤！昔者，天子有争臣七人④，虽无道，不失其天下；诸侯有争臣五人，虽无道，不失其国；大夫有争臣三人，虽无道，不失其家；士有争友⑤，则身不离于令名⑥；父有争子⑦，则身不陷于不义。故当⑧不义，则子不可以不争于父⑨，臣不可以不争于君；故当不义则争之。从父之令，又焉得为孝乎！"

【注释】

①谏诤：指为人子、为人臣者对父、对君的劝谏。

②闻命：领受教诲。

③是何言欤：这是什么话！此言孔子谓父有过失，从而不谏，是子陷父于不义，故重言之。

④争臣：敢于谏诤之臣。七人：指大师、大保、大傅、左辅、右弼、前疑、后丞。

⑤争友：诤友。

⑥令名：美名。

⑦争子：谏诤的儿子。

⑧当：面临，面对。

⑨争于父：向父亲谏诤。

丧亲章第十八

子曰："孝子之丧亲①也，哭不偯②，礼无容③，言不文④，服美不安⑤，闻乐不乐⑥，食旨不甘⑦，此哀戚之情也⑧。三日而食⑨，教民无以死伤生，毁不灭性⑩，此圣人之政也。丧不过三年，示民有终也⑪。

"为之棺、椁、衣、衾而举之⑫；陈其簠簋而哀戚之⑬；擗踊哭泣，哀以送之⑭；卜其宅兆，而安措之⑮；为之宗庙，以鬼享之⑯；春秋祭祀，以时思之⑰。

"生事爱敬，死事哀戚，生民之本尽矣，死生之义备矣⑱，孝子之事亲终矣⑲。"

【注释】

①丧亲：丧，丧失，失掉。丧亲，父母死去，孝子失去了生身父母。

②哭不偯：偯，哭泣的尾声、余声。古人哭丧因与死者的亲疏关系不同

而有不同的等级。

③礼无容：容，仪容，指不同场合的特定的仪容要求。礼无容，指在办丧事、接待吊丧者时，不可如平时那样注重仪止和容貌。办丧事时，因孝子极为悲痛，故行动都应该相对缓慢，即使见了尊者，因沉浸于悲痛之中，而礼节简略，在行动和面部表情上表现出对尊者的尊敬。

④言不文：言，言语，说话。文，文饰，修饰。言不文，语言简单质朴，不加修饰。表示话语简略，不多说话。这是对人们在治丧期间的语言的要求。孝子在治丧时，对他人的话，一般只表示首肯，而不回答其问话，更不向别人问询。即使说话，也非常简略，不加文饰。

⑤服美不安：服，穿着（服装）。美，好，指衣服的质地和颜色美好。意为孝子在办丧事时，心里悲痛之极，身上如果穿着质地优良、颜色鲜艳的衣服，心中必将十分不安，因此要换上丧服。古代丧服按其与死者亲疏关系的不同，而分为五等。最重的是斩衰，穿生麻布做的不缝边的丧服，服期三年；其次齐衰，穿熟麻布做的缝边整齐的丧服，服期三月至三年；第三等大功，穿精细熟麻布做的丧服，服期九个月；第四等小功，服期五个月；最轻缌麻，服期三月。子女为父母服斩衰。

⑥闻乐不乐：闻，听，听到。乐，音乐。乐，高兴。孝子由于丧失父母心中悲痛，即使听到欢快的音乐，也不会感到愉快。所以丧礼规定，孝子在服丧期间，不得演奏音乐。

⑦食旨不甘：旨，鲜美可口的食物。甘，香甜、鲜美的味觉。不甘，不以其味为甜美。

⑧此哀戚之情也：哀，悲痛，悼念。戚，忧愁，悲哀。此句意为，以上六种表现都是孝子悼念、忧戚父母亡故之深情的必然流露。

⑨三日而食：即便在父母死后因心中极为悲痛而吃不下东西，到父母死后三天一定要压抑悲痛开始吃东西。

⑩教民无以死伤生，毁不灭性：教，教训，教育，教导。民，指孝子。无，不，不要。以死伤身，因为父母的逝世而伤害了自己的身体。毁，哀痛过度而伤害了身体。由于悲伤而不吃饭以至身体瘦弱，但不可过分，以至违背了人性，甚至因此而死。孔子反对孝子居丧因过度悲痛而有意作践自己的身体。

⑪丧不过三年，示民有终也：丧，为父母服丧。示，给人看，让人知道。

终，终结，终了。父母死，孝子会终生悲伤，但为父母服丧总应有个终结，故而古代规定，父亲死，子女为父亲服丧三年，实际上是二十五个月。为什么要服丧三年？孔子解释，是因为人到三岁时才能离开父母的怀抱，为了报答父母的养育之恩，所以要服丧三年。

⑫为之棺、椁、衣、衾而举之：为，制作。棺，棺材，是用以装殓死者尸体、紧靠着尸体之外的木质尸匣。椁，外棺，是套在棺材之外用于保护棺材的木匣。

⑬陈其簠簋而哀戚之：陈，摆放，陈列。簠、簋，古代用以盛放食物的两种器皿。

⑭擗踊哭泣，哀以送之：擗，痛哭时以手拍胸。踊，跳跃，此处指痛哭时以足顿地。由于男女不同，故痛哭时表示极为伤心的手势和体态也不相同。简单说，男子为踊，女子为擗。擗，又写作辟。擗踊，哀之至也。抚心为辟，跳跃为踊。送，指送葬，出殡。送父母的遗体离去，迎父母的灵魂回宗庙。

⑮卜其宅兆，而安措之：卜，占卜，此处指用占卜的办法选择送葬日期并确定墓地。当时占卜墓地的目的并非是选择什么风水宝地，而是为了使墓地以后不会因各种原因而受到干扰。安措，安放，安置。此处指安置灵柩，埋葬死者。

⑯为之宗庙，以鬼享之：宗庙，古代王公贵族供祭祖先亡灵的场所。先秦，王公贵族不同等级设庙数不同。

⑰春秋祭祀，以时思之：春秋，指一年四季。古人习惯以春秋作为四季（时）的代称。于省吾《岁、时起源初考》言，甲骨文中只有春秋而无冬夏，今文《尚书》二十八篇中，西周的作品也无冬夏之名，可见殷和西周一年只有春秋二时，所以古人也称年为春秋。四时的划分萌芽于西周末叶。春秋时人因距一年只有二时较近，故仍习惯称一周年为春秋，并以春秋为四季的代称。时，季度。以时思之，指在三年服丧期结束以后，每到寒暑变易时就想到亡故父母，故祭祀以表达自己的哀思。

⑱生事爱敬，死事哀戚，生民之本尽矣，死生之义备矣：生民，人民。本，根本，此处指孝道。死生之义，指父母在世时尽力奉养，父母死亡，安葬祭祀。备，完备。

⑲孝子之事亲终矣：孝子侍奉父母的孝道至此结束。

《尔雅》精华

【著录】

　　《尔雅》列为《十三经》之一。实际《尔雅》并不是一部经，它是解释经的工具书，受到了历代学者的普遍重视。例如刘勰在《文心雕龙》中说它是"诗书之襟带"，宋人林光甫称其为"六籍之户牖，学者之要津"，清代学者宋翔凤誉为"训故之渊海，五经之梯航"。之所以如此重要，是因为我国古代典籍深奥，欲入其"户牖"，领其"要津"，非《尔雅》之钥莫属。

　　《尔雅》书名，最早见于《汉书·艺文志》，尔，近也；雅，正也。刘熙谓，五方之言不同，"皆以近正为主也"。黄季刚释"雅"是"夏"的借字，因此说雅是"诸夏之公言"，皆"经典之常语"；为训诂之正义。近人陆宗达综论之为古代经典词语解释之书。释词方面有三种职能：标准语释方言俗语；当代语释古语；常用释难僻词语。它是以释为主的词典，供查检，属于语言文字学一类。

　　由于《尔雅》解释经传方面所据的权威性，历代受到人们普遍重视。在经书数量的发展过程中，诸如《左传》《公羊传》《谷梁传》是对《春秋》的译述，《论语》《礼记》仅为言论的辑录，这类属"附庸"都能杂糅到正式经书之中，作为"正"言、"公"言的《尔雅》列入群经亦当顺理成章了。

　　《尔雅》的作者和成书年代旧说有三：一是西周时的周公；二是孔子及其门徒；三是汉儒。从《尔雅》涉及的文献论述的制度看，它是历经几代，杂采多家训诂材料汇编而成，初成大约在战国时期，经汉代古文经典传注进一步发达，再加增补润色，才成为今天这个样子。

　　现存《尔雅》共十九篇，可分成五大类。一、语言类：《释诂》《释言》

《释训》；二、人文关系类：《释亲》；三、建筑器物类：《释官》《释器》《释乐》；四、天文地理类：《释天》《释地》《释丘》《释山》《释水》；五、植物动物类：《释草》《释木》《释虫》《释鱼》《释鸟》《释兽》《释畜》。

《尔雅》既然整理、保存了故训，它就对我们了解和掌握古代文献，以及对研究古代汉语词汇有很大实用价值。它能帮助了解古代自然、社会状况；了解古代词义，区分古今词义；辨析、比较古文献中的同义词；展示古代词语全貌，认识古代词汇发展规律；广为包罗故训，便于了解古传注训释条例。

今天普遍使用的是晋代郭璞的注本，郭本在阐发《尔雅》体例，指其故训来源、根据较为准确有条理。为郭注作疏的有邢昺《尔雅注疏》（收入《十三经注疏》、郝懿行《尔雅义疏》，此外，邵晋涵的《尔雅正义》可供参考。

释 诂 第一

初、哉①、首、基②、肇③、祖④、元⑤、胎⑥、俶⑦、落⑧、权舆⑨，始也。

【注释】

①哉：通才，草木的初生，引申为开始。《尚书·康诰》有云："三月哉生魄。"

②基：地基，墙基，引申为基础、开始。

③肇：《尚书·尧典》："肇十有二州。"

④祖：祖先，引申为根源、开始。

⑤元：人的头部。人出生时候头部先出，引申为开始。《公羊传》隐公元年："元年者何？君之始年也。"

⑥胎：孕育在母体中还没有出生的幼体，引申为事物的根源。

⑦俶：动作的开始。《诗经·周颂·载芟》："有略其耜，俶载南亩。"

⑧落：开始。用在某些新旧事物相替代之际，旧事物终止的同时，也就是新事物的开始。《左传》昭公七年云："楚子成章华之台，愿以诸侯落之。"

⑨权舆：草木开始生长，引申为事物的开始。《诗经·秦风·权舆》云："于嗟乎，不承权舆！"

林①、蒸②、天③、帝④、皇⑤、王、后⑥、辟⑦、公⑧、侯⑨，君⑩也。

【注释】

①林：树林，引申为群聚、盛多。《诗经·小雅·宾之初筵》云："百礼既至，有壬有林。"毛亨传："林，君也。"

②蒸：通众，众多。《诗经·大雅·生民》云："天生蒸民，有物有则。"

③天：天帝，上帝，也指人间的君王。《左传》宣公四年云："君，天也，天可逃乎？"

④帝：先秦时期一般指天帝、上帝；战国以后，又用在称人间最高统治者。

⑤皇：美，大。秦汉之后用作人间最高统治者的称号。

⑥后：原指君王、统治者。《诗经·大雅·下武》云："三后在天，王配于京。"毛亨传："三后，大王、王季、文王也。"周代男性最高统治者称王，"后"便用于称君王的正妻。

⑦辟：君，君主。《尚书·洪范》云："惟辟作福，惟辟作威。"

⑧公：春秋时期诸侯国国君的通称。

⑨侯：君主。《周易·屯卦》云："勿用有攸往，利建侯。"

⑩君：先秦时期是对大夫以上据有土地的各级统治者的通称。《仪礼·丧服》云："君，至尊也。"郑玄注："天子、诸侯及卿大夫有地者皆曰君。"又通群，群聚，众多。《白虎通义·三纲六纪》："君，群也，下之所归心。"在本条中，"君"从统治者角度解释"天""帝"……"侯"等八词。

弘①、廓②、宏、溥③、介④、纯⑤、夏⑥、怃⑦、厖⑧、坟⑨、嘏⑩、丕⑪、奕⑫、洪、诞⑬、戎⑭、骏⑮、假⑯、京⑰、硕⑱、濯⑲、讦⑳、宇㉑、穹㉒、王㉓、路㉔、淫㉕、甫㉖、景㉗、废㉘、壮、冢㉙、简㉚、箌㉛、昄㉜、晊㉝、将㉞、业㉟、席㊱，大也。

【注释】

①弘：大，扩大，光大。

②廓：扩大，广大。《孙子兵法·军争》云："廓地分利。"

③溥：水大，引申为广大。《诗经·大雅·公刘》云："瞻彼溥原。"

④介：大。《诗经·小雅·甫田》云："报以介福，万寿无疆。"

⑤纯：敦厚，引申为大。《诗经·鲁颂》云："天锡公纯嘏。"

⑥夏：大。《诗经·周颂·时迈》云："我求懿德，肆于时夏。"

⑦怃：覆盖，引申为大。

⑧厖：石大的样子，引申为大。

⑨坟：土堆，坟墓，引申为高大。

⑩嘏：大，伟大。《诗经·周颂·我将》："伊嘏文王，既右飨之。"

⑪丕：大，宏大。《左传》僖公二十八年："奉扬天子之丕显休命。"

⑫奕：盛大的样子。《诗经·商颂》云："万舞有奕。"

⑬诞：说大话，引申为大、宽阔。《诗经·邶风·旄丘》云："旄丘之葛兮，何诞之节兮。"

⑭戎：大。《诗经·周颂·烈文》云："念兹戎功。"

⑮骏：高大的良马，引申为大。《诗经·大雅·文王》云："骏命不易。"

⑯假：通嘏，大，伟大。《诗经·大雅·文王》云："假哉天命，有商孙子。"

⑰京：高大的山丘，引申为大。《公羊传》桓公九年云："京者何？大也。"

⑱硕：头大，引申为大。

⑲濯：盛大。《诗经·大雅·常武》："不测不克，濯征徐国。"

⑳讦：大。《诗经·郑风·溱洧》云："洧之外，洵讦且乐。"

㉑宇：上下四方、空间的总称，引申为大。

㉒穹：物体中间隆起、四周下垂的样子，引申为天、高、大。

㉓壬：通妊，怀孕腹大，引申为大。《诗经·小雅·宾之初筵》云："百礼既至，有壬有林。"

㉔路：大。

㉕淫：过度，大。《诗经·周颂·有客》云："既有淫威，降福孔夷。"

㉖甫：大。《诗经·齐风·甫田》云："无田甫田。"

㉗景：日光，引申为广大。《诗经·大雅·既醉》："介尔景福。"

㉘废：大。

㉙冢：高坟，引申为大。

㉚简：多，大。《尚书·盘庚》云："予其懋简相尔，念敬我众。"

㉛萄：草大。《诗经·小雅·甫田》云："倬彼甫田。"

㉜畡：大。《诗经·大雅·卷阿》云："尔土宇畡章。"

㉝旺：是"至"的讹字或俗字。

㉞将：通壮，大。《方言》云："将，大也。燕之北鄙齐楚之郊或曰京，或曰将。"

㉟业：古代乐器架上挂钟磬用的大板，引申为高大。

㊱席：大，宽大。《诗经·郑风·缁衣》云："缁衣之席兮，敝予又改作兮。"

　　怃①、庬②、有也。

【注释】

①怃：覆盖，大，引申为有。

②庬：大，引申为丰、厚。

　　迄、臻①、极②、到、赴、来、弔③、艐④、格⑤、戾⑥、怀⑦、摧⑧、詹⑨至也。

【注释】

①臻：到，来到。《诗经·大雅·云汉》云："天降丧乱，饥馑荐臻。"

②极：顶点，到顶点，到达。《国语·鲁语下》云："齐朝驾，则夕极于鲁国。"

③弔：通吊，到。《诗经·小雅·天保》："神之吊矣，诒尔多福。"

④艐：古"届"字。到达。

⑤格：同格，来，到。《尚书·汤誓》："格尔众庶，悉听朕言。"

⑥戾：到。《国语·鲁语上》云："天灾流行，戾于弊邑。"

⑦怀：来到。《诗经·齐风·南山》云："既曰归止，曷又怀止？"又指人心归向。《礼记·学记》："近者说服而远者怀之。"

⑧摧：到。《诗经·大雅·云汉》云："胡不相畏，先祖于摧。"

⑨詹：到。《诗经·小雅·采绿》云："五日为期，六日不詹。"《方言》云："摧、詹、戾，至也。楚语也。"

　　如①、适②、之③、嫁④、徂⑤、逝⑥，往也。

【注释】

①如：到……去。《左传》僖公四年云："楚子使屈完如师。"

②适：往。《诗经·魏风·硕鼠》云："逝将去女，适彼乐土。"

③之：到……去。《孟子·梁惠王上》云："牛何之？"

④嫁：女子出嫁，引申为往、到。《方言》云："嫁，往也。自家而出谓之嫁，由女出为嫁。"

⑤徂：往。《诗经·卫风·氓》云："自我徂尔，三岁食贫。"

⑥逝：往。《诗经·邶风·二子乘舟》云："二子乘舟，泛泛其逝。"

赍①、贡②、锡③、畀④、予、贶⑤，赐也。

【注释】

①赍：赐予，赠送。《尚书·汤誓》云："予其大赍汝。"

②贡：通赣，或作"赣"，赐给。《淮南子·道应》云："桓公赣之衣冠。"

③锡：通赐。《公羊传》庄公元年云："王使荣叔来锡桓公命。锡者何？赐也。"

④畀：给予。《诗经》云："彼姝者子，何以畀之？"

⑤贶：赏赐，赠送。《诗经·小雅·彤弓》云："我有嘉宾，中心贶之。"

仪①、若②、祥③、淑④、鲜⑤、省⑥、臧⑦、嘉、令⑧、类⑨、綝⑩、
縠⑪、攻⑫、谷⑬、介⑭、徽⑮，善也。

【注释】

①仪：通义，合理，适宜，引申为善。《诗经·小雅·斯干》云："无非无仪，唯酒食是议。"

②若：顺从，引申为善。《诗经·鲁颂》云："莫敢不诺，鲁侯是若。"

③祥：上天所显示的吉凶预兆。《左传》僖公十六年云："是何祥也？吉凶焉在？"多用于表示吉兆。

④淑：善良，美好。《诗经·周南·关雎》云："窈窕淑女，君子好逑。"

⑤鲜：新鲜，鲜明。引申为善、好。《诗经·小雅·北山》云："嘉我未老，鲜我方将。"

⑥省：察看，检查，引申为使善。《诗经·大雅·皇矣》云："帝省其山。"郑玄笺："省，善也。天既顾文王，乃和其国之风雨，使其山树木茂盛。"

⑦臧：善，好。《尚书·盘庚》云："邦之臧，惟汝众。"

⑧令：美好。《诗经·大雅·卷阿》云："如圭如璋，令闻令望。"

⑨类：法式，榜样，含有好、善的意思。《左传》昭公二十八年云："勤施无私曰类。"

⑩綝：善言。

⑪榖：通谷，谷，谷物，谷物能养人，引申为美、善。《诗经·小雅·小宛》云："教诲尔子，式谷似之。"

⑫攻：通工，巧，坚固。《诗经·小雅·车攻》云："我车既攻，我马既同。"

⑬谷：谷物，谷物能养人，引申为美、善。《诗经·小雅·小宛》云："教诲尔子，式谷似之。"

⑭介：通价，善，吉。《诗经·周颂·酌》云："时纯熙矣，是用大介。"

⑮徽：美好。《诗经·小雅·角弓》云："君子有徽猷。"

舒①、业②、顺③，叙④也。舒、业、顺、叙，绪⑤也。

【注释】

①舒：伸展，舒缓，引申为有次序。

②业：古时乐器架上用来挂钟磬的大板，板上刻作锯齿状，锯齿排列有次序，引申为次序、头绪。《国语·晋语四》云："信于事，则民从事有业。"

③顺：顺着，顺从，引申为顺序。

④叙：次序，次第。《尚书·洪范》云："五者来备，各以其叙，庶草蕃庑。"引申为排列次序、条理、头绪。

⑤绪：头绪，引申为次序。《庄子·山木》云："进不敢为前，退不敢为后，食不敢先尝，必取其绪。"

怡①、怿②、悦③、欣、衎④、喜、愉⑤、豫⑥、恺⑦、康、蚼⑧、般⑨，乐⑩也。

悦、怿、愉、释⑪、宾⑫、协⑬，服⑭也。

【注释】

①怡：和悦，愉快。

②怿：喜悦。《诗经·邶风·静女》云："彤管有炜，说怿女美。"引申为喜而敬服。

③悦：喜悦。上古时写作"说"。引申为喜而敬服。《吕氏春秋·不苟》云："此忠臣之行也，贤主之所说。"

④衎：快乐。

⑤愉：愉快。引申为悦服。

⑥豫：安乐，娱乐。《诗经·小雅·白驹》云："尔公尔侯，逸豫无期。"

⑦恺：欢乐。《庄子·天道》云："中心物恺，兼爱无私。"

⑧耽：通作耽、湛，沉溺于欢乐中。

⑨般：和乐。《荀子·仲尼》云："闺门之内，般乐奢汰。"

⑩乐：快乐。

⑪释：通怿，喜而心服。《庄子·齐物论》云："南面而不释然。"

⑫宾：服从，归顺。《国语·楚语上》云："蛮夷戎狄，其不宾也久矣。"

⑬协：和谐，协调，引申为顺服、悦服。《左传》僖公二十六年云："桓公是以纠合诸侯，而谋其不协。"

⑭服：服从，信服，悦服。

遹①、遵、率②、循、由、从，自也。蛩、遵、率，循也。

【注释】

①遹：遵循，依照。

②率：通律，法度，标准，引申为遵循。《左传》宣公十二年云："今郑不率，君使群臣问诸郑。"又引申为从、由。

靖①、惟②、漠③、图、询④、度⑤、咨⑥、诹⑦、究⑧、如⑨、虑、谋⑩、猷⑪、肇⑫、基⑬、访⑭，谋也。

【注释】

①靖：谋划，图谋。

②惟：思考，谋划。《尚书·盘庚》云："盘庚作，惟涉河以民迁。"

③漠：通谟，或写作"莫"，谋划。《诗经·小雅·巧言》云："秩秩大猷，圣人莫之。"

④询：询问，征求意见。

⑤度：揣度，推测，引申为征求意见。

⑥咨：商议，询问。后写作"谘"。

⑦诹：商议，咨询。《国语·晋语四》云："及其即位也，询于八虞，而谘于二虢，度于闳夭，而谋于南宫，诹于蔡原，而访于辛尹。"

⑧究：探求，推寻。引申为谋划。《诗经·大雅·皇矣》云："维彼四国，爰究爰度。"

⑨如：通茹，商议。

⑩谟：计划，谋划。《尚书·皋陶谟》云："谟明弼谐。"

⑪猷：谋略，计划。《尚书·洪范》云："凡厥庶民，有猷有为有守，汝则念之。"

⑫肇：通作"肇"，开始，引申为谋划。《诗经·大雅·江汉》云："肇敏戎公，用锡尔祉。"

⑬基：谋划。《国语·周语下》云："自后稷之始基靖民，十五王，而文始平之。"

⑭访：询问，征求意见。《左传》僖公三十二年云："穆公访诸蹇叔。"

典①、彝②、法、则③、刑④、范⑤、矩⑥、庸⑦、恒⑧、律⑨、夏⑩、职⑪、秩⑫，常⑬也。柯⑭、宪⑮、刑、范、辟⑯、律、矩、则，法也。

【注释】

①典：法则，制度。

②彝：古时青铜器的通称，多指宗庙祭祀用的礼器，引申为常道、法度。

③则：准则，法度。

④刑：通型，铸造器物的模子，引申为法式、规范、刑法。

⑤范：铸造器物的模子，引申为规范、准则、法式。

⑥矩：画直角或方形的工具，引申为法度、法则。《论语·为政》云："七十而从心所欲，不逾矩。"

⑦庸：平常。《荀子·不苟》云："庸言必信之，庸行必慎之。"

⑧恒：固定不变的，长久，经常。

⑨律：规律，准则，法则。《周易·师卦》云："师出以律。"

⑩夏：常礼，常法。《尚书·康诰》云："不率大夏。"

⑪职：常，常业。《诗经·小雅·大东》云："东人之子，职劳不来。"

⑫秩：次序，依次排列，引申为常、常态。《诗经·小雅·宾之初筵》云："是曰既醉，不知其秩。"

⑬常：长久的，固定不变的，引申为规律、准则，常礼、常法，经常。

⑭柯：斧柄。引申为法度，长三尺之称。《周礼·考工记·车人》云："毂长半柯，其围一柯有半，幅成一柯有半。"又引申为法则。

⑮宪：法令。《管子·立政》云："君乃出令布宪于国。"

⑯辟：法度，法律。《诗经·小雅·雨无正》云："辟言不信，如彼行迈，则靡所臻。"

辜①、辟②、戾③，罪也。

【注释】

①辜：罪，罪过。《韩非子·亡征》云："劳苦百姓，杀戮不辜者，可亡也。"

②辟：法度，法律，引申为罪、治罪。《国语·周语上》云："士不备垦，辟在司寇。"

③戾：乖戾，凶暴，引申为罪恶、罪行。《左传》文公四年云："其敢干大礼以自取戾？"

允①、孚②、亶③、展④、谌⑤、诚、亮⑥、询⑦，信⑧也。展、谌、允、慎⑨、亶，诚也。

【注释】

①允：诚实、真实。《方言》云："允，信也。齐鲁之间曰允。"

②孚：诚信，为人所信服。《诗经·大雅·常武》云："永言配命，成王之孚。"

③亶：诚实、诚信。

④展：诚实。《国语·楚语下》云："展而不信，爱而不仁。"

⑤谌：讲信用、诚实。

⑥亮：通谅、诚实。《孟子·告子下》云："君子不亮，恶乎执？"

⑦询：信、确实。郭璞《尔雅注》云："宋卫曰询。"

⑧信：言语真实，引申为诚实、相信、确实。

⑨慎：谨慎、慎重，引申为确实、实在。《诗经·小雅·巧言》云："昊天已威，予慎无罪。"

敆①、郃②、盍③、翕④、仇⑤、偶、妃⑥、匹⑦、会，合⑧也。仇、雠⑨、敌⑩、妃、知⑪、仪⑫，匹也。妃、合、会，对也。妃，媲⑬也。

【注释】

①敆：合，会合。后代俗语"合缝""合伙"中的"合"就是这种意义。

②郃：即"合"，对合，秦汉时"合"用作水名、地名。

③盍：通阖，闭合，聚合。《周易·豫卦》云："朋盍簪。"

④翕：收缩，闭合，引申为聚合、和合。《诗经·小雅·常棣》云："兄弟既翕，和乐且湛。"

⑤仇：同伴，配偶，仇敌。

⑥妃：配偶，匹配。《左传》桓公二年云："嘉耦曰妃，怨耦曰仇。"

⑦匹：相当、相配，伴侣、配偶。《左传》僖公二十三年云："秦，晋匹也。"

⑧合：闭合，对合，会合。

⑨雠：同雠，对答，引申为相当的、匹敌、仇敌。《左传》僖公五年云："无戎而城，雠必保焉。"

⑩敌：相当，匹敌。《孙子兵法·谋攻》云："倍则分之，敌则能战之。"

⑪知：相当，匹偶。《诗经·桧风·隰有苌楚》云："天之沃沃，乐子

之无知。”

⑫仪：匹偶，匹配。

⑬媲：匹配，配偶。《诗经·大雅·皇矣》云：“天立厥配，受命既固。”

绍[1]、胤[2]、嗣[3]、续、纂[4]、緌[5]、绩[6]、武[7]、系[8]，继也。

【注释】

①绍：接续，继承。《尚书·盘庚》云：“天其永我命于兹新邑，绍复先王之大业。”

②胤：后代。《左传》隐公十一年云：“夫许，大岳之胤也。”

③嗣：继承，继承人，后代。《国词·周语上》云：“夫晋侯非嗣也，而得其位。”

④纂：通缵，继承，继续。《国语·周语上》云：“时序其德，纂修其绪。”

⑤緌：帽带结在颔下的下垂部分，含有承续的意义。

⑥绩：把麻搓捻连接成线，引申为接续。《左传》昭公元年云：“子盍亦远绩禹功而大庇民乎！”

⑦武：足迹，引申为接续、继承。《诗经·大雅·下武》云：“下武维周，世有哲王。”

⑧系：捆绑，束缚，引申为连接、联系。《周易·随卦》云：“系小子，失丈夫。”

忥[1]、谥[2]、溢[3]、蛰[4]、慎、貉[5]、谧[6]、顗[7]、颀[8]、密[9]、宁，静也。

【注释】

①忥：休息。

②谥：可能是“谧”的讹字。谧，安静、安宁。《素问·五运行大论》云：“其政为谧。”

③溢：通谧，谧，安静、安宁。《素问·五运行大论》云：“其政为谧。”

④蛰：动物冬眠，隐藏起来，不食不动。《吕氏春秋·孟春纪》：“东风解冻，蛰虫始振。”

⑤貉：通貊，安静、安定。《诗经·大雅·皇矣》云："貊其德音，其德克明。"

⑥谧：安静，安宁。《素问·五运行大论》云："其政为谧。"

⑦颙：谨慎庄重的样子，安静的样子。

⑧颜：安静，安祥。

⑨密：隐蔽处，引申为安静、安宁。《诗经·大雅·公刘》云："止旅乃密。"

命、令、禧①、畛②、祈③、请、谒④、诉⑤、诰⑥，告也。

【注释】

①禧：当作诰。诰，告诉。一般用于上告下、告诫。

②畛：致意，祝告。《礼记·曲礼下》云："临诸侯，畛于鬼神。"

③祈：对鬼神祷告恳求。《尚书·召诰》云："王其德之用，祈天永命。"

④谒：禀告，陈述。

⑤诉：告知。

⑥诰：告诉。一般用于上告下、告诫。

释　亲　第四

父为考，母为妣。①

【注释】

①考：父亲。妣：原指祖母和祖母辈以上的女姓祖先。

父之考为王父，父之妣为王母①。王父之考为曾祖王父，王父之妣为曾祖王母②。曾祖王父之考为高祖王父，曾祖王父之妣为高祖王母③。

【注释】

①考：父亲。王：辈分尊大。王父：祖父。妣：母亲。王母：祖母。《礼记·曲礼上》云："逮事父母则讳王父母。"

②曾：指隔了两代的亲属。曾祖王父：曾祖父。曾祖王母：曾祖母。

③高：辈分最高。高祖王父：高祖父。高祖王母：高祖母。

父之世父、叔父为从祖祖父，父之世母、叔母为从祖祖母①。父之晜弟，先生为世父，后生②为叔父。

【注释】

①世父：伯父。古时父和子一辈称一世，祖父的嫡长子为祖父的继承人，称世父。后来世父成为伯父的通称，不限于大伯父。世母，伯母。《仪礼·丧服传》云："世父叔父何以期也？与尊者一体也。""世母叔母何以亦期也？以名服也。"从，同一宗族次于至亲的堂房亲属。从祖祖父，祖父的兄弟，即伯祖父、叔祖父。从祖祖母，祖父兄弟的妻子，即伯祖母、叔祖母。

②晜：同昆，本或作昆，兄。晜弟：兄弟。先生：指比父亲先出生的。后生：指后于父亲出生的。

男子先生为兄，后生为弟。〔男子〕①谓女子先生为姊，后生为妹。

【注释】

①"男子"二字据唐《石经》补。

父之姊妹为姑。

父之从父晜弟为从祖父①，父之从祖晜弟②为族父。族父之子相谓为族晜弟③。族晜弟之子相谓为亲同姓④。

【注释】

①从父晜弟：同祖父的兄弟，即堂兄弟。从祖父，堂伯父、堂叔父。

②从祖晜弟：同曾祖的兄弟。

③族晜弟：同高祖父的兄弟。

④亲：同姓，同姓之亲，指同族已出五服之亲。

兄之子、弟之子相谓为从父晜弟①。

【注释】

①从父晜弟：堂兄弟。《仪礼·丧服》云："为人后者，为其昆弟、从父昆弟之长殇。"

子之子为孙，孙之子为曾孙①，曾孙之子为玄孙②，玄孙之子为来孙③，来孙之子为晜孙④，晜孙之子为仍孙⑤，仍孙之子为云孙⑥。

【注释】

①曾：重，隔了两代的。曾孙：孙之子，即自本人算起第四代孙。又为自曾孙以下后代的统称。《诗经·周颂·维天之命》云："骏惠我文王，曾孙笃之。"郑玄笺："自孙之子而下，事先祖皆称曾孙。"

②玄：远。玄孙，曾孙之子，即从本人算起第五代孙。《史记·孟尝君列传》云："文承闲问其父婴曰：'子之子为何？'曰：'为孙。''孙之孙为何？'曰：'为玄孙。'"

③来孙：玄孙之子，即自本人算起第六代孙，后来也用于泛称远孙。

④晜孙：来孙之子，即从本人算起第七代孙。也用于泛称远孙。

⑤仍：重。仍孙，晜孙之子，即自本人算起第八代孙，或称耳孙。也用于泛称远孙。

⑥云：意为如浮云轻远。云孙，仍孙之子，即自本人算起第九代孙。

王父之姊妹为王姑①，曾祖王父之姊妹为曾祖王姑，高祖王父之姊妹为高祖王姑。父之从父姊妹为从祖姑②。父之从祖姊妹③为族祖姑。

【注释】

①王父：祖父。王姑，父之姑。

②从祖姑：堂姑。

③从祖姊妹：同曾祖父的姊妹。

父之从父晜弟之母为从祖王母[1]，父之从祖晜弟[2]之母为族祖王母。父之兄妻为世母，父之弟妻为叔母。父之从父晜弟之妻为从祖母[3]，父之从祖晜弟之妻为族祖母[4]。

【注释】

[1] 从父晜弟：堂兄弟。从祖王母，祖父兄弟之妻，即伯、叔祖母。

[2] 从祖晜弟：同曾祖的兄弟。

[3] 从祖母：堂伯母或堂叔母。

[4] 族祖母：当作"族母"。族父之妻。

父之从祖祖父为族曾王父[1]，父之从祖祖母为族曾王母[2]。

【注释】

[1] 从祖祖父：伯、叔祖父。族曾王父：曾祖父的兄弟。

[2] 从祖祖母：即从祖王母，伯、叔祖母。族曾王母，曾祖父兄弟之妻。

宗族[1]

【注释】

[1] 宗族：同一父系的家族，父系的亲属。在此是说明以上各条所解释的都是对父系亲属的称谓。

母之考为外王父[1]，母之妣为外王母[2]。母之王考为外曾王父[3]，母之王妣为外曾王母[4]。

【注释】

[1] 考：父亲。王父：祖父。外王父：外祖父。

[2] 妣：母亲。王母：祖母。外王母：外祖母。

[3] 王考：对祖父的尊称。外曾王父：外曾祖父。

[4] 王妣：对祖母的尊称。外曾王母：外曾祖母。母亲的父母、祖父母与

己异姓，非同一宗族，所以称"外"。

母之晜弟[1]为舅，母之从父晜弟为从舅[2]。

【注释】

①晜弟：兄弟。

②从父晜弟：同祖父的兄弟，即堂兄弟。从舅：堂舅。

母之姊妹为从母[1]。从母之男子为从母晜弟[2]，其女子子为从母姊妹。[3]

【注释】

①从母：姨母。《仪礼·丧服》云："从母。"孔颖达疏："母之姊妹与母一体，从于己母而有此名，故曰从母。"

②男子：儿子。从母晜弟：姨表兄弟。

③女子子：女儿。从母姊妹：姨表姊妹。

妻之父为外舅，妻之母为外姑[1]。

【注释】

①外舅：妻父。外姑：妻母。《释名·释亲属》云："妻之父曰外舅，母曰外姑。"妻子称丈夫的父母为舅、姑，丈夫则称妻子的父母为外舅、外姑，加"外"以示区别。

姑之子为甥，舅之子为甥，妻之晜弟为甥，姊妹之夫为甥[1]。

【注释】

①姑：姑母。甥：一般用在称姊妹之子。用于称姑之子、舅之子、妻之兄弟和姊妹之夫，是"甥"的古义，和母系社会婚姻形式有关。"甥"的本义为异姓所生。在母系社会中，姑之子、舅之子、妻之兄弟、姊妹之夫都是

异姓所生男子，都可和本氏族女子通婚，因而都可称之为甥。晜弟：兄弟。

妻之姊妹同出为姨①。女子谓姊妹之夫为私②。

【注释】

①同出：指已出嫁。姨：男子对妻子已婚姊妹的称谓。《左传》庄公十五年云："蔡哀侯娶于陈，息侯亦娶焉。"

②私：女子对姊妹之夫的古称。《诗经·卫风·硕人》云："东宫之妹，邢侯之姨，谭公维私。"

男子谓姊妹之子为出①。女子谓晜弟之子为侄②。谓出之子为离孙③，谓侄之子为归孙④。女子子⑤之子为外孙。

【注释】

①出：外甥的古称。《左传》襄公二十五年云："桓公之死，蔡人欲立其出。"

②晜弟：兄弟。侄：先秦时一般是女子对兄弟之子的称谓。《仪礼·丧服传》云："侄者何也？谓吾姑者，吾谓之侄。"在母系社会中，在互相通婚的两个氏族中，兄弟从本氏族出嫁到另一氏族，与另一氏族女子所生之子又嫁回到本氏族来，当时长期定居在己氏族的是女子，所以女子称兄弟之子为侄。后来"侄"逐渐成为男子和女子对兄弟之子的共同称谓，或写作侄。《吕氏春秋·疑似》云："梁北有黎丘部，有奇鬼焉，喜效人之子侄昆弟之状。"

③离孙：对姊妹之孙的旧称。在母系社会中，由于实行族外婚，姊妹之孙不生于己氏族，以辈分而论为孙，所以称离孙。

④归孙：对兄弟之孙的旧称。在母系社会中，在互相通婚的两个氏族中，兄弟之子由另一氏族嫁回本氏族，其子又生于本氏族，所以称为归孙。

⑤女子子：女儿。

女子同出，谓先生为姒，后生①为娣。

【注释】

①同出：指同嫁一个丈夫。后生：指年幼的。

女子谓兄之妻为嫂，弟之妻为妇①。

【注释】

①此条说女子称兄弟之妻为嫂、妇，实际上在先秦古籍中已有男子称兄弟之妻为嫂、妇的。《庄子·盗跖》云：“昔者桓公小白杀兄入嫂，而管仲为臣。”汉代时以后，嫂、妇是男子和女子对兄弟之妻的共同称谓。

长妇谓稚妇①为娣妇，娣妇谓长妇为姒妇。

【注释】

①长妇：哥哥的妻子。稚妇：指弟弟的妻子。本条解释妯娌之间的称谓，姒和娣除了用作同夫诸妾之间的称谓外，又用作妯娌之间之称谓，后者为常用义。

妇称夫之父曰舅，称夫之母曰姑①。姑舅在，则曰君舅、君②姑；没，则曰先舅、先③姑。谓夫之庶母④为少姑。

【注释】

①妇：指已结婚妇女。称配偶的父母为舅姑，来源于母系社会群婚的婚姻形式。舅本指母亲的兄弟们。姑本指父氏族中群父的姊妹。在长期通婚的两个氏族之间，被称作舅的母之兄弟们，既是下一代男子的舅父，又是他们的妻父；或既是下一代女子的舅父，又是她们的夫父。被称作姑的父亲们的姊妹，既是下一代男子的姑母，又是他们的妻母；或既是下一代女子的姑母，又是她们的夫母。到了一夫一妻制时期，在姑舅表婚的情况下，舅和妻父或夫父，姑和妻母或夫母，实际上是同一个人。沿用下来，在不是姑舅表婚的情况下，也称妻父或夫父为舅，称妻母或夫母为姑。《国语·鲁语下》云：“商闻之曰：古之嫁者，不及舅姑，谓之不幸。夫妇学于舅姑者，礼也。”

②在：指在世，活着。君：敬称。

③没：死。先，已经去世的，多用在称尊长。《国语·鲁语下》云："〔公父文伯之母〕对曰：'吾闻之先姑曰：君子能劳，后世有继。'"

④庶母，夫父之妾。

婿之父为姻，妇之父为婚①。

【注释】

①婿：女婿。姻：婚姻，也指由于婚姻关系而结成的亲戚。《左传》僖公五年云："弦子奔黄，于是江、黄、道、柏方睦于齐，皆弦姻也。"妇：指儿媳。婚：或写作昏，结婚，男女结为夫妻。也指姻亲。《史记·屈原列传》云："时秦昭王与楚婚，欲与怀王会。"在古书中，有时姻专指男方的父亲，婿家，如《左传》定公十三年云："荀寅，范吉射之姻也。"杜预注："婿父曰姻。荀寅子娶吉射女。"婚指女方的父亲，妇家，如《荀子·富国》云："婚姻娉内，送逆无礼。"杨倞注："妇之父为婚。"但这种情况较为少见，婚一般并不专指女方的父亲，姻也不专指男方的父亲。《左传》昭公九年云："王有姻丧。"杜预注："外亲之丧。"